TANJA WENZ

Hanna auf den Spuren einer mutigen Frau

TANJA WENZ

HANNA AUF DEN SPUREN
EINER MUTIGEN FRAU

Katharina von Bora für junge Leser

Bibliografische Information der Deutschen Nationalbibliothek:
Die Deutsche Nationalbibliothek verzeichnet diese Publikation in der Deutschen Nationalbibliografie; detaillierte bibliografische Daten sind im Internet
über http://dnb.d-nb.de abrufbar.

© 2017 Neukirchener Verlagsgesellschaft mbH, Neukirchen-Vluyn
Umschlaggestaltung: Andreas Sonnhüter, www.sonnhueter.com.
unter Verwendung eines Bildes von Pressmaster (shutterstock),
gemeinfrei (Katharina von Bora)
Lektorat: Dr. Susanne Roll, Neuenkirchen-Vörden
DTP: Magdalene Krumbeck, Wuppertal
Verwendete Schrift: Adobe Garamond Pro, Pinto No_01
Gesamtherstellung: Finidr, s.r.o.
Printed in Czech Republic
ISBN 978-3-7615-6423-3

www.neukirchener-verlage.de

INHALT

KAPITEL 1

HANNAS MISSMUT

Nein, ich will nicht mehr, ich habe einfach keine Lust!«
Hanna lag im Bett und machte ihre Hausaufgaben. Sie
wusste, dass ihre Mutter dies nicht gerne sah, aber hier ließ
es sich nun mal am besten nachdenken und schreiben. Jedenfalls war das für Hanna so. Doch heute ging es mit den
Hausaufgaben nicht vorwärts. ›Wieso ausgerechnet eine
Hausarbeit über Katharina von Bora? Das ist doch absolut
langweilig. Wer interessiert sich denn für eine Frau, die vor
500 Jahren gelebt hat?‹, fragte sich Hanna schlecht gelaunt.
›Mal ehrlich, Martin Luther wäre viel besser als Thema gewesen. Über ihn findet man jedenfalls viel mehr im Internet. Über seine Frau steht überall nur dasselbe.‹

»Die starke und mutige Frau an Luthers Seite«, las Hanna laut vom Laptop ab. Doch wieso war sie so stark, was
machte sie mutig und anders, als die anderen Frauen zu ihrer Zeit? Hanna kam einfach nicht dahinter, denn die puren
Fakten, die sie im Internet fand, setzten sich für sie noch
lange nicht zu einem Bild von einem realen Menschen zusammen. Überall fehlten Puzzleteile. Diese ganzen trocke-

nen Informationen machten sie unglaublich müde. Nie hätte sie sich dieses Thema freiwillig ausgesucht.

Hannas Handy klingelte und war damit eine willkommene Abwechslung zu ihrer Arbeit am Aufsatz. Ihre Freundin Mia war dran und fragte, ob sie nicht mit ihr ein Computerspiel im Internet spielen wollte.

»Nein Mia, ich kann leider nicht, ich komme mit dem Aufsatz einfach nicht weiter. Du weißt ja, dass ich unbedingt noch eine gute Note in Geschichte brauche, sonst gibt mir Frau Wätjen eine vier im Zeugnis. Das muss ich unbedingt verhindern.«

Hanna war ein aufgewecktes Mädchen und schlechte Noten waren bis zum letzten Schuljahr auch überhaupt kein Thema gewesen. Doch seit sie ein Smartphone besaß, mit dem sie nun auch ins Internet gehen konnte, sah die Sache anders aus. Anstatt für die Schule zu recherchieren und zu lernen, war sie online ständig in vielen verschiedenen Chats und Communities unterwegs. Das machte einfach mehr Spaß und zusätzlich spielte Hanna auch noch fast jeden Tag Computerspiele mit Mia. Dafür mussten sie sich nicht einmal persönlich treffen. Das ging ganz bequem von zu Hause aus. Hanna fand das unglaublich praktisch, denn es war nun egal, wie das Wetter war und ob ihre Haare gut aussahen.

Ihre Eltern sahen das allerdings etwas anders und beobachteten die Entwicklung ihrer Tochter argwöhnisch. Sie hätten es lieber gesehen, wenn sich Hanna, so wie früher, mit ihren Freundinnen treffen und nicht zu sehr in das virtuelle Leben abtauchen würde. Hanna konnte ihre Eltern gar nicht verstehen, sie war doch zu Hause, machte keinen Unsinn und hatte einfach viel Spaß mit ihrem Handy.

Nachdem Hanna das Gespräch beendet hatte, seufzte sie laut auf und machte sich wieder an die Arbeit. Doch sie kam einfach nicht weiter. Sie stellte den Laptop beiseite, rollte sich vom Bett, streckte sich und ging ins Wohnzimmer.

»Was suchst du denn?«, fragte ihre Mutter irritiert, als Hanna sich die Bücher im Regal anschaute. Es kam nicht so oft vor, dass ihre Tochter sich für echte Bücher interessierte.

»Irgendetwas über die Zeit der Reformation, Martin Luther und vor allem Katharina von Bora«, antwortete Hanna angestrengt.

»Hmm«, überlegte ihre Mutter kurz. Dann sagte sie: »Wir haben doch das Buch *Die großen Frauen der Geschichte*, vielleicht ist auch die Frau von Martin Luther darin beschrieben.«

»Woher weißt du denn, dass Katharina von Bora die Ehefrau von Martin Luther war?«, wollte Hanna wissen.

»Na ja, ich lese halt manchmal ein Buch und spiele nicht so viel am Computer wie du«, war die trockene Antwort ihrer Mutter. Beleidigt griff sich Hanna das besagte Buch und ging in ihr Zimmer zurück. Dort angekommen warf sie sich mit Schwung wieder auf ihr Bett, sodass ihr Bettgestell sich mit einem hohen Quietschen beschwerte. Schnell schaute sie im Inhaltsverzeichnis nach und fand tatsächlich einen Bericht über Katharina von Bora. Nachdem sie alles genau gelesen hatte, seufzte sie vor Enttäuschung auf.

›Wieder nichts. Hier steht nur dasselbe. Außerdem geht es gar nicht in die Tiefe. Ich weiß immer noch nicht, was sie wirklich für eine Frau war.‹ Hanna kannte mittlerweile die Lebensdaten von Katharina von Bora, wann sie geboren und gestorben war und wie viele Kinder sie bekommen hatte. Auch, dass sie es nach dem Tod ihres Ehemannes nicht leicht gehabt hatte, war überall zu lesen gewesen. Doch Hanna war damit nicht zufrieden, sie wollte eine wirklich gute Note für ihre Hausarbeit bekommen und nicht einfach nur alles zusammenfassen, was sie in Artikeln gelesen hatte. Sie bekam einfach kein Gefühl für diese Frau, die als außergewöhnlich und vor allem als sehr mutig galt. Sie war zuerst Nonne in einem Zisterzienser-Kloster gewesen und später, ermutigt durch die Reformationsgedanken von Martin Luther, mit anderen Mitschwestern aus dem Kloster geflohen. Entflohene Nonnen mussten damals mit der Todesstrafe rechnen. Jahre später hat sie dann sogar Martin Luther geheiratet. Das war auch in Hannas Augen ungewöhnlich. Es waren trotzdem einfach nur trockene Fakten. Sie warf das Buch auf die Bettdecke und sprang auf.

›Da möchte ich es nun wirklich gut und richtigmachen und es geht einfach nicht vorwärts‹, dachte Hanna wütend. Sie ging in die Küche und machte sich einen Tee. Dort beschloss sie, dass sie für heute genug gearbeitet hatte. Sie würde morgen weitermachen und hoffte, dass sich bis dahin andere Ansatzpunkte ergeben würden. Sie wusste zwar nicht, wie dies geschehen sollte, doch sie versuchte, positiv zu denken. Den ganzen restlichen Abend dachte Hanna nicht mehr an ihren Aufsatz über Katharina von Bora. Erst als sie ihren Eltern gute Nacht gesagt hatte und im Bett lag, kam ihr Katharina von Bora wieder in den Sinn. Ihre Gedanken sprangen hin und her und Hanna versuchte, die Lebensdaten dieser Frau zu einem Bild zusammenzufügen. Aber es gelang ihr einfach nicht. Obwohl Hanna am Anfang ihrer Beschäftigung mit Katharina von Bora sehr gelangweilt gewesen war, wollte sie nun mehr über diese Frau und ihr Leben erfahren. ›Irgendwie bin ich doch neugierig geworden. Wer war Katharina von Bora, was hat ihr Leben ausgemacht, wie kam sie als Frau in der damaligen Zeit zurecht? Und vor allem, wie hat sie Martin Luther unterstützt?‹ Mit diesen Gedanken schlief Hanna ein. Sie schlief tief und fest. Als sie aufwachte, griff sie aus Gewohnheit nach ihrem Handy auf dem Nachttisch. Sie war noch müde und wollte nachschauen, wie spät es war. Sie tastete mit einer Hand im Dunklen, doch sie griff nur ins Leere. Hanna setzte sich gähnend im Bett auf und wollte ihre Nachttischlampe anknipsen. ›Wo ist denn der Schalter?‹, dachte sie irritiert. Es war stockdunkel. Hanna setzte sich auf die Bettkante und suchte nach ihrer Lampe. Plötzlich hörte sie merkwürdige Geräusche. ›Da atmete doch jemand. Was war hier los?‹ Eine Gänsehaut kroch Hanna das Rückgrat hoch, sie fröstelte. Angst breitete sich in ihr aus.

»Sei nicht albern«, sagte sie zu sich selbst. »Wer soll denn hier in deinem Zimmer sein und atmen. Das sind irgendwelche Geräusche von draußen. Vielleicht schnarcht Papa auch so laut, dass ich es durch die Wände hören kann.« Hanna saß immer noch auf der Bettkante und lauschte in die Dunkelheit hinein. Ihre nackten Füße standen auf dem Boden und fingen an, sich über die Kälte zu beschweren. ›Irgendetwas stimmt hier nicht, der Boden ist sonst nie so kalt.‹ Als Hanna mit den Zehen wackelte, fiel ihr auf, dass sich kein flauschiger Teppichboden unter ihren Füßen befand, sondern nackter Stein. Mit einem Aufschrei zog sie ihre Füße hoch und verkroch sich unter ihrer Bettdecke. Ein Poltern war zu hören, dann kamen schlurfende Schritte auf sie zu. Hanna zitterte wie Espenlaub und konnte einfach nicht verstehen, was hier los war. Sachte fasste eine Hand nach ihr. Hanna schrie auf.

»Schsch, keine Angst, ich tue dir kein Leid an.« Sanft zog jemand die Bettdecke herunter und leuchtete Hanna ins Gesicht.

»Wer um Himmels Willen bist du? Dich habe ich hier noch nie gesehen«, wurde sie gefragt. Hanna schaute hoch und sah ein Mädchen in ihrem Alter, das sich mit einer Lampe in der Hand über sie beugte. Sie trug ein weißes Nachthemd und eine Art Mütze auf dem Kopf. Sie sah aus, als wenn sie einem Heimatkundemuseum entsprungen wäre. Hanna sah sie fassungslos an und sagte nach einer kurzen Pause mutig: »Du bist hier in meinem Zimmer, da muss ich ja wohl eher dich fragen, was du hier machst.« Das Mädchen sah sie lange an, hielt dann ihre altertümliche Petroleumlampe hoch und leuchtete in den Raum hinein. Er war viel größer, als Hannas Zimmer und außerdem schloss ein hohes Deckengewölbe den großen Raum ab. »Das hier ist ganz gewiss nicht dein Zimmer, sondern das Zimmer für die Küchenmädchen. Es gehört also uns allen und somit auch mir. Wann hat die Herrin dich denn angestellt? Davon habe ich überhaupt nichts mitbekommen.«

Hanna schaute sich im spärlichen Licht der kleinen

Lampe aufmerksam im Raum um und sah, dass noch weitere Mädchen hier in ihren Betten schliefen. Eines von ihnen atmete laut im Schlaf. ›Ich glaube, ich träume. Das kann doch alles gar nicht wahr sein. Ein Albtraum, mehr nicht, gleich wache ich wieder in meinem kuscheligen Bett auf‹, dachte Hanna verzweifelt.

KAPITEL 2

MARIA

Stumm sah sie das Mädchen an, das sich noch immer über sie beugte. Es sah nett und vertrauenserweckend aus. Zögernd fing Hanna an zu sprechen: »Ich bin gar nicht eingestellt worden, ich weiß gar nicht, wo ich bin und wie ich hierhergekommen bin. Vorhin bin ich ganz normal zu Bett gegangen und ich bin auch sofort eingeschlafen. Ich glaube, ich träume noch immer.«

»Nein, du träumst nicht, schau dich mal an, du trägst dieselbe Kleidung wie wir, du hast sogar eine Mütze auf dem Kopf.«

Verwundert griff Hanna an ihren Kopf und zog eine Mütze herunter, die genauso aussah, wie die des Mädchens. Jetzt sah sie auch erst, dass ihre Bettdecke ganz anders war – nicht so flauschig wie Zuhause.

»Ich kann mir das alles nicht erklären, ich scheine wirklich nicht zu träumen. Kannst du mir sagen, wo ich hier bin?« Das Mädchen sah sie an und drückte ihre Hand. »Ich heiße Maria und du bist hier im Zimmer der Küchenmädchen im Schwarzen Kloster in Wittenberg.« Hanna erstarrte und zog ihre Hand zurück.

»Das kann doch nicht sein, das wäre ja um 1500 irgendwas.«

»Ja, wir schreiben das Jahr 1535, was ist daran so besonders?«, fragte Maria neugierig.

»Als ich gestern Abend eingeschlafen bin, hatten wir das Jahr 2017 und alles war gut«, antwortete Hanna mit einem leisen Schluchzer. Maria nahm wieder ihre Hand und sagte: »2017? Meine Güte! Aus der Zukunft! Das ist in der Tat merkwürdig und ich kann es auch nicht verstehen. Du redest außerdem ganz anders als wir hier.«

Erst jetzt fiel Hanna auf, dass Maria einen ganz anderen Dialekt sprach, als sie selbst. Außerdem betonte sie manche Wörter sehr merkwürdig. Trotzdem verstand sie jedes Wort. Normalerweise müsste Hanna jetzt in Panik ausbrechen: Sie lag nicht mehr in ihrem eigenen Bett und es war auch nicht mehr 2017! Vielmehr befand sie sich in der Schlafkammer der Küchenmädchen des Schwarzen Klosters von Katharina von Bora und Martin Luther. Doch Maria strahlte eine Zuversicht und Ruhe aus, sodass Hanna ihre Angst verlor.

»Ich weiß nicht, wie dir das passiert ist, doch bestimmt gibt es eine Erklärung dafür«, flüsterte Maria beruhigend. Ein anderes Mädchen hatte sich gerade im Bett herumgedreht und Maria wollte sie nicht durch lautes Reden wecken.

Endlich ergriff Hanna Marias Hand und flüsterte: »Ich heiße übrigens Hanna und muss für die Schule einen Aufsatz über Katharina von Bora schreiben.«

»Du gehst in die Schule? Und was ist ein Aufsatz?«, wollte Maria neugierig wissen. Hanna sah Maria erstaunt an und antwortete:»Natürlich gehe ich zur Schule, ich gehe in die siebte Klasse. Ein Aufsatz ist eine Geschichte über ein spezielles Thema. Ich schreibe über Katharina von Bora.«

Maria überlegte und sagte dann:»Das ist ja wirklich alles unglaublich. Sicher hängt es mit deinem Aufsatz zusammen, dass du hier gelandet bist. Vielleicht hast du dich so intensiv damit beschäftigt, dass du im Schlaf einen Zeitsprung gemacht hast.«

Hanna schaute das Mädchen mit großen Augen an, als wäre es nicht ganz bei Sinnen. Doch eine andere Erklärung fiel ihr auch nicht ein. Dann überlegte sie flüsternd:»Wir haben gerade das Lutherjahr 2017. Es ist 500 Jahre her, dass Martin Luther seine 95 Thesen ...«

»... an die Wittenberger Schlosskirche angeschlagen hat«, beendete Maria den Satz.»Das kann alles kein Zufall sein«, überlegte sie weiter. Maria sah Hanna staunend an. »Wenn du wirklich aus dem Jahr 2017 kommst, dann musst du mir unbedingt erzählen, wie das Leben in dieser Zeit ist und wie die Welt aussieht!«

Maria war ganz aufgeregt bei der Aussicht, etwas aus der Zukunft zu erfahren. Hanna antwortete leise:»Mich interessiert dein Leben im Jahr 1535 und alles, was damit zusammenhängt.« Hanna hoffte so sehr, dass sie eine Weile im Schwarzen Kloster sein würde und atmete tief ein. Und Maria schien es genauso zu gehen, denn sie sagte:»Ich glaube, jetzt ist es am besten, wenn wir beide schlafen, denn wir müssen beim ersten Hahnenschrei aufstehen. Ich hoffe, dass morgen niemand Fragen stellen wird, wieso du hier bist. Ich sage einfach, dass du meine Cousine bist.«

»Ich? Ein Küchenmädchen?«, überlegte Hanna kleinlaut.

»Ich glaube nicht, dass ich das kann!«

»Das lass mal meine Sorgen sein, zusammen bekommen wir das schon hin«, antwortete Maria resolut. »So, und jetzt wird geschlafen, ich bin sehr müde.« Maria legte sich in ihr Bett zurück und löschte das Licht. Hanna lag noch lange wach und konnte nicht einschlafen. Sie verstand nicht, was da vor sich ging. Es war aufregend und ein wenig angsteinflößend. Dennoch hoffte sie, nicht gleich am nächsten Morgen wieder in ihrem Bett aufzuwachen. Trotz der Ungewissheit war da irgendwie auch noch ein anderes Gefühl. In ihrem Bauch war ein Kribbeln zu spüren, und es fühlte sich verdächtig nach Neugierde und Vorfreude an. Sie würde Katharina von Bora leibhaftig erleben. Das war doch toll. Trotzdem vermisste sie ihre Eltern schon jetzt und konnte sich nicht vorstellen, wie sie den morgigen Tag überstehen sollte. Doch die Müdigkeit siegte und auch Hanna schlief ein. Ihr Schlaf war traumlos und sehr kurz. Beim ersten Hahnenschrei, wie Maria gesagt hatte, wurden die Mädchen von der Köchin geweckt. Sie hatte die Aufsicht über die Küchenmädchen und teilte die Arbeiten für den jeweiligen Tag ein. Es war noch stockdunkel im Raum.

»Aufstehen, ihr Mädchen, an die Arbeit!«

Hanna zuckte vor Schreck zusammen und versteckte sich unter ihrer Decke. Sie war tatsächlich noch im Schwarzen Kloster und sie wusste nicht, was nun von ihr erwartet wurde. Maria kam jedoch mit ihrer Lampe zu ihr und gab ihr wieder die Hand. Sofort wurde Hanna ruhiger. »Komm, ich zeige dir, wo du dich kurz waschen und danach umziehen kannst. Zuerst suchen wir aber die Latrinen auf.« Mit diesen Worten zog Maria sie mit sich. Die Latrinen erwiesen sich als eine Art Plumpsklo und Hanna war froh, als sie dort fertig waren. Maria führte Hanna danach in einen kleinen Raum mit mehreren Eimern Wasser und einer Ablage. Er hatte nur ein kleines Fenster, dafür waren die Ecken und Kanten des Zimmers abgerundet und weiß gekalkt. ›Das sieht ja hier wie in einer Mönchszelle aus‹, dachte Hanna gerade, als ihr einfiel, dass das Schwarze Kloster früher ja wirklich ein Augustinerkloster gewesen war und dann nach und nach umgebaut wurde. Martin Luther selbst hatte früher hier als Mönch gelebt. Hanna wusste das aus dem Unterricht. Erst mit dem Beginn der Reformation wurde es aufgelöst, denn viele der Mönche und auch Nonnen, stellten ihr christliches Leben fortan in den Dienst der Allgemeinheit. Der Kurfürst Johann der Beständige hatte es dann später Martin Luther überlassen. Und als dieser dann auch noch Katharina von Bora heiratete, hatte der Kurfürst es beiden sogar geschenkt. Hanna stand vor den Eimern und schaute Maria ratlos an: »Und was mache ich jetzt?«

»Na, du ziehst dein Nachthemd aus und tauchst deine Hände in das Wasser und wäschst dich. Hier, mit diesem Lappen geht es noch besser. Ich hole dir derweil neue Kleidung.«

Ehe Hanna protestieren konnte, weil Maria sie bloß nicht hier alleine lassen sollte, war Maria auch schon zur Tür hinausgeflitzt. Hanna zog sich aus und tauchte vorsichtig einen Finger in das Wasser. »Brrhh, ist das kalt. Ich würde jetzt viel lieber eine warme Dusche nehmen und mein Erdbeer-Duschgel benutzen.« Doch sie nahm sich ein Herz, tauchte den Lappen in das kalte Wasser und wusch sich damit ab. Gerade als sie fertig war, kam Maria auch schon wieder zurück, drückte ihr ein kleines Handtuch in die Hand und hielt einen Berg Kleidung in den Händen.

»Dankeschön.« Hanna trocknete sich ab und wunderte sich über sich selbst, dass es ihr nichts ausmachte, mit einem fremden Mädchen das Badezimmer zu teilen. Denn auch Maria zog sich nun aus und wusch sich schnell. Nach dem Abtrocknen zogen sie sich an. Hanna schaute lange an sich herunter und fragte: »Wo hast du denn so schnell diese Kleider herbekommen?« Hannas Kleid reichte ihr bis zu den Füßen und hatte eine braune Farbe. Der rauhe Stoff kratzte leicht auf der Haut.

»Das sind meine, sie sind mir etwas zu eng geworden, doch dir passen sie sehr gut.« Maria strahlte über das ganze Gesicht. »Komm, ich flechte dir noch einen Zopf und dann gehen wir schnell in die Küche, sonst kommt noch ein anderes Mädchen zu uns rein. Niemand soll erfahren, dass du eigentlich gar nicht hierhergehörst.«

Hanna fühlte sich in der seltsamen Kleidung unwohl, folgte aber Maria in die Küche. Es saßen schon einige Mädchen am Tisch, jedes mit einer irdenen Schale vor sich.

»Was gibt es denn hier zum Frühstück?«, fragte Hanna leise zu Maria gewandt.

»Jeden Morgen dasselbe: Milchsuppe mit etwas Honig und Brot«, war die kurze Antwort. Hanna drehte sich der

Magen um, wie sollte sie das nur runterkriegen? Doch sie setzte sich brav an Marias Seite und hielt kurz darauf ihren Löffel in der Hand. Hanna sah, dass keines der Mädchen mit dem Essen anfing und auch Maria saß wie eine Statue mit gefalteten Händen neben ihr. Leise legte sie den Löffel wieder neben die Schale und faltete auch ihre Hände. Aber sie blinzelte verstohlen durch die Wimpern hindurch. Sie musste zugeben, dass es ein schönes Bild war, wie die Mädchen mit ihren langen Zöpfen und den einfachen, aber sauberen Kleidern einträchtig am Tisch saßen. Plötzlich ging die Küchentür auf und eine Frau mit braunen Haaren und einer Haube über ihren langen, hochgesteckten Zöpfen trat herein. Ihre Augen waren braun, leicht schräggestellt und funkelten vor Energie und Tatendrang.

»Guten Morgen, ihr Lieben, wir wollen vor dem Essen beten.«

Hanna stockte der Atem, sie wusste sofort, wer diese Frau war – Katharina von Bora.

KAPITEL 3

ALLES KINDER GOTTES

Katharina von Bora senkte nun leicht den Kopf, faltete ihre Hände und sagte für alle ein Tischgebet. Hanna senkte schnell wieder ihren Kopf und lauschte den Worten von Katharina von Bora. ›Es sind schöne Worte, die sie sagt, voller Liebe und Tatenkraft‹, dachte Hanna. Es war nur ein kurzes und schlichtes Tischgebet, doch Hanna fühlte sich ganz befreit.

Dann begannen alle mit dem Essen und auch Hanna tauchte den Löffel vorsichtig in die goldschimmernde Suppe. Zögernd führte sie den vollen Löffel zum Mund und schluckte. Erstaunlicherweise schmeckte es sehr gut und sie aß alles in kurzer Zeit auf. Das lag mit Sicherheit auch daran, dass sie einen unglaublichen Hunger hatte. Das Brot hatte einen herzhaften Geschmack und Hanna fragte sich, wann sie zuletzt so leckeres Brot gegessen hatte. Zu Hause aß sie zum Frühstück am liebsten Cornflakes oder helles Brot, aber auf keinen Fall Vollkornbrot. Und nun saß sie hier und ließ keinen Krümel vom Frühstück übrig. Die Köchin saß am anderen Ende des Tisches und schaute mehrmals fragend zu Maria und Hanna herüber. Nach dem Essen stand Katharina von Bora auf und ging hinaus. Hanna sah ihr aufmerksam hinterher, deshalb flüsterte ihr Maria schnell zu: »Die Frau Lutherin isst morgens manchmal mit uns gemeinsam und spricht dann immer das Tischgebet.« Die Mädchen brachten ihre leeren Teller zu dem großen Spülstein am Ende des Raumes, der unter einem großen Bogenfenster stand. Hannas Herz klopfte, denn sie wusste nicht, wie es nun weitergehen sollte. Als sie und Maria ihre Teller abgaben, zog die Köchin Maria zur Seite. Hanna folgte automatisch.

»Was ist hier los, wo kommt dieses Mädchen her?«, fragte sie herrisch. Maria schlug die Augen nieder und antwortete: »Verzeiht, dies ist eine Verwandte von mir. Sie braucht eine Weile Arbeit und Brot. Sie ist sehr tüchtig und arbeitsam. Erst gestern Abend spät hat sie den Weg zu uns gefunden …«

Die Köchin musterte Hanna von oben bis unten. Hanna stand vor ihr und fühlte sich plötzlich ganz klein. Sie wusste doch fast nichts vom Haushalten und Arbeiten in der Küche. Nur manchmal half sie beim Tischdecken und Abwaschen.

»In Ordnung, sie darf bleiben. Wie heißt du, Mädchen?«

Maria schubste Hanna von der Seite an, damit sie antwortete.

»Hanna.«

»Gut, Maria wird dir alles zeigen. Sei fleißig, dann wird es dir hier an nichts mangeln. Wenn ich aber merke, dass du faul in der Ecke liegst und dem Herrn durch deine schlechte Arbeitsmoral spottest, dann musst du gehen.« Hanna brachte mit Mühe ein Nicken zustande. Maria zog sie weiter.

»Komm Hanna, wir müssen los.«

Hanna kam noch immer alles wie ein Traum vor. Sie war im Schwarzen Kloster und mittendrin im Leben von Katharina von Bora. Sie dachte in diesem Moment nicht an ihre Eltern oder wie sie wieder nach Hause kommen sollte, sie dachte nur daran, dass sie Katharina von Bora persönlich erlebt hatte und hoffentlich weiter erleben würde.

»Wo gehen wir hin?«, fragte Hanna.

»Ins Backhaus, wir werden den Teig für neues Brot ansetzen und später am Tag auch backen.«

»Ich soll Brot backen?«, fragte Hanna fassungslos.

»Du hast doch die Köchin gehört. Wir können froh sein, dass sie es so gut aufgenommen hat und du bleiben darfst. Wir dürfen sie jetzt nicht enttäuschen, wir werden gemeinsam leckeres Brot backen. Es ist nicht schwer und ich werde dir alles genau erklären. Außerdem sind wir dabei allein, denn zwei Mädchen reichen für diese Arbeit. So kannst du in Ruhe deine Fragen stellen. Wenn du mich fragst, glaube ich, dass du einzig und allein wegen deiner Schularbeit hier gelandet bist. Also lass uns die Zeit nutzen.« Hanna fand, dass Maria sich schon richtig erwachsen anhörte, dabei war sie doch sicher nicht viel älter als sie selbst.

Der Weg zum Backhaus war nicht weit, es lag im Hof. Sie kamen auch an dem Gemüsegarten vorbei.

»Wie sauber und ordentlich der Garten aussieht. Arbeiten auch die Küchenmädchen darin?«, fragte Hanna. Es war kein Vergleich zu ihrem Garten zu Hause, in welchem einiges an Unkraut munter vor sich hin wucherte.

»Ja, wir Küchenmädchen arbeiten manchmal auch darin.

Vor allem aber pflegt die Hausherrin selber den Garten. Er ist ihr Augapfel, den sie besonders hütet.«

Das hatte Hanna auch im Internet gelesen, dass Katharina von Bora einen Garten auf dem ehemaligen Klosterfriedhof angelegt hatte. Das erschien ihr ziemlich gruselig, zumal auch davon zu lesen war, dass beim Anlegen des Gartens Knochen der dort begrabenen Mönche zutage getreten waren. Doch nun sah alles friedlich aus in der Sonne und überhaupt nicht gruselig oder gar beängstigend. Hanna erkannte, dass der Garten schon vor vielen Jahren angelegt worden war. Ein niedriger Holzzaun schützte die Pflanzen vor den gefräßigen Hühnern und Enten, die dort herumliefen. Das wollte sie in ihrer Arbeit auf jeden Fall erwähnen, dass alles so ordentlich und fein wirkte.

Das Backhaus war aus roten Backsteinen errichtet worden. Es sah nicht sonderlich alt aus und es war auch nicht weiß gekalkt. Sie konnte die Holzbalken sehen, die das Mauerwerk stützten. Vor dem kleinen Häuschen war säuberlich das Feuerholz für den Ofen aufgeschichtet. Wie freundlich alles hier aussah, hell und gepflegt, gar nicht düster und unheimlich, so wie Hanna sich das Mittelalter immer vorgestellt hatte. Als Hanna in der Backstube stand, sah sie, dass es hier große Arbeitsflächen aus Holz gab. Die Morgensonne schien durchs Sprossenfenster und erhellte den kleinen Raum. »Brrr, kalt ist es hier drinnen«, sagte Hanna zitternd.

»Oh, dem werden wir gleich abhelfen. Wenn das Holz im Ofen erstmal brennt, wird dir schon ausreichend warm werden.«

»Wieso zündest du das Holz schon jetzt an, wir haben doch noch nicht einmal mit dem Teig begonnen?«, wollte Hanna wissen.

»Der Ofen braucht einige Stunden, um die richtige Temperatur fürs Backen zu erreichen.«

Hanna staunte darüber, was Maria alles wusste und konnte. Im Nu hatte sie ein munteres Feuer im Ofen entzündet und schloss die schwere Eisenklappe. Aus verschiedenen Töpfen und Gefäßen holte sie alles heraus, was sie für den Teig brauchte.

»Wir lassen unser eigenes Getreide frisch in der Dorfmühle mahlen, so haben wir immer ausreichend Mehl zum Backen hier. Wenn wir das Mehl zu lange lagern, wird es ranzig und schmeckt bitter,« erklärte Maria, während sie am Wiegen und Zählen war.

Hannas Mutter kaufte das Mehl lange im Voraus, und bisher war es nie ranzig geworden. Woran das wohl lag? Hanna nahm sich vor, dies zu klären, wenn sie wieder zu Hause war. Ein kleiner Stich zog durch ihren Magen. Ihr Zuhause! Wann sie wohl wieder dort sein würde? Heute war Samstag und dann kauften Hannas Eltern immer gemeinsam ein. Hanna kam meistens mit und zusammen hatten sie stets viel Spaß dabei. Samstagsabends wurde dann gemeinsam gekocht und nach dem Essen noch lange am Tisch sitzengeblieben und über dies und das gesprochen. Ob ihre Eltern wohl merkten, dass sie nicht mehr da war? Oder würde sie, wie in einem Film, wieder zurückkehren und am selben Morgen in ihrem Bett aufwachen, ohne, dass auch nur eine Sekunde vergangen war? Wie bei einer echten

Zeitreise? Hanna seufzte und lenkte ihre Gedanken wieder auf das Brotbacken.

»Wir müssen noch Wasser aus dem Brunnen holen, das habe ich ja vor lauter Reden ganz vergessen«, erklärte Maria und drückte Hanna einen kleinen Holzeimer in die Hand. Zusammen gingen sie zum Brunnen im Hof und holten Wasser. Die Sonne stand mittlerweile schon höher am Morgenhimmel und die ersten Strahlen tauchten den Brunnen in goldenes Morgenlicht. Eine Frau arbeite dort in der Nähe und zupfte hier und da etwas Unkraut aus dem Boden. Es war Katharina von Bora. Ein kleines Mädchen stand neben ihr und zog an ihrem Rockzipfel. »Schau, das Mädchen ist der kleine Liebling von Dr. Martinus höchstpersönlich. Sie heißt Magdalene, aber alle nennen sie nur Lenchen.«

Hanna kramte in ihrem Gedächtnis und dachte an die nackten Zahlen aus dem Internet. Ihr fiel wieder ein, dass im Jahr 1535 bereits alle Kinder von Martin Luther und Katharina von Bora geboren worden waren, dass aber das erstgeborene Mädchen schon nach einem Jahr verstorben war. Mehr wusste sie über die Kinder allerdings nicht. Diese Stellen hatte sie immer überlesen, denn nur Katharina war für sie und den Aufsatz wichtig gewesen.

Als Katharina von Bora die beiden Mädchen bemerkte, drehte sie sich zu ihnen um und kam auf sie zu. Hanna blieb fast das Herz stehen. Was sollte sie sagen, wie reagieren? Magdalene hüpfte übermütig voran und kam ohne Scheu ganz nah zu Hanna gelaufen. Katharina von Bora folgte lächelnd. Bei den Mädchen angekommen, schaute sie Hanna genau an, blickte dann zu Maria und fragte: »Wen hast du denn hier ins Haus gebracht? Die Köchin sagte mir, dass du eine Verwandte von dir kurzfristig für Arbeit, Brot und Bett eingestellt hast. Du wirst sicher vergessen haben, dass dies meine Aufgabe ist. Du hättest mich fragen müssen.«

Obwohl sie ruhig und sanft gesprochen hatte, spürte Hanna, wie Maria sich leicht versteifte. »Es tut mir leid Frau Lutherin, meine Verwandte Hanna brauchte dringend Hilfe und sie ist spät abends hier angekommen. Verzeiht mir, ich hätte Euch fragen müssen.«

Katharina von Bora kam näher heran und hob Hannas Kinn mit der Hand, sodass sie Hanna direkt ins Gesicht schauen konnte. Sanfte Augen suchten bei Hanna nach Untugenden oder Hinterlist. Hanna musste schlucken und auch Maria stockte der Atem. Doch Hanna wurde nur sanft an der Wange berührt.

»Es ist schon gut, Mädchen, auch du bist ein Kind Gottes. Du darfst bleiben, solange du Schutz brauchst.« Hanna atmete erleichtert auf und auch Maria neben ihr entspannte sich merklich und war froh über diese Worte. »Danke Euch Gott, Frau Lutherin«, bedankte sich Maria.

Auch Hanna murmelte Worte des Dankes. Magdalene schob ihre kleine Hand in Hannas und fragte mit leiser Stimme: »Darf ich mit euch Wasser holen? Ihr seid doch bestimmt auf dem Weg zum Brunnen, um Wasser für den Teig zu holen.«

Hanna schaute fragend zu Maria. Doch bevor sie etwas sagen konnte, antwortete Katharina von Bora: »Sie haben sicher nichts dagegen, geht nur.«

Auf dem Weg zum Brunnen, raunte Maria Hanna leise

zu: »Die Herrin folgt ganz den Grundsätzen und Thesen der Reformation und übersieht einen bedürftigen Menschen nicht. Weißt du, viele Menschen kaufen von den Bischöfen und ihren Ablasshändlern für teures Geld Ablassbriefe, die angeblich dafür sorgen, dass sie von allen Sünden befreit sind und nicht ins Fegefeuer kommen. Dr. Martinus sagt, das sei alles Unsinn, denn Gott liebt uns ja und er vergibt uns alle unsere Sünden, wenn wir nur zu ihm beten und recht an ihn glauben. Hanna, ist das nicht schön? Zu wissen, dass Gott uns liebt und vergibt, wenn wir ihn nur darum bitten? Und deshalb gibt auch die Frau Lutherin dieses Geld lieber für Bedürftige aus, anstatt Ablassbriefe zu kaufen. Sie sagt immer, die könne man schließlich nicht essen.«

Hanna war überwältigt von der Inbrunst, mit der Maria von all diesen Dingen sprach.

Magdalene ließ auf dem ganzen Weg zum Brunnen und wieder zurück die Hand von Hanna nicht los. Sie hüpfte und sang den Mädchen etwas vor. Hanna war erstaunt darüber, denn zu Hause hatte sie nicht viel mit jüngeren Kindern zu tun. Es fühlte sich ungewohnt an, mit diesem lebhaften, kleinen Mädchen an der Hand. Magdalenes Zöpfe wirbelten nur so herum, so lebendig war das Kind. Lenchens Hand in ihrer fühlte sich warm und weich an. Trotzdem war Hanna froh, als sie wieder alleine mit Maria im Backhaus war. Sie wollte doch so viele Fragen stellen, und sie war sich sicher, dass auch ihre Freundin neugierig war.

KAPITEL 4

FRAGEN ÜBER FRAGEN

Maria schob ihr eine große Holzschüssel zu. Mehl in zwei unterschiedlichen Gefäßen und Salz standen bereits auf dem Tisch. Das Wasser stand auf dem Steinboden.

»So«, sagte Maria, »du nimmst nun soviel Roggenmehl wie ich und gibst es in deine Schüssel.«

Maria erklärte genau, wie die Backzutaten verteilt wurden und Hanna erfuhr, dass sie ein Roggen-Dinkel-Mischbrot backen würden. Das Teigkneten war anstrengend. »Wie machst du es, dass dein Teig so schön glänzt und ebenmäßig ist?«, fragte Hanna erstaunt.

»Kneten, immer wieder kneten«, war die kurze Antwort.

Sie hatten nicht nur Mehl, Wasser und Salz vermengt, sondern auch angesetzten Sauerteig dazugegeben, damit das Brot locker und leicht werden würde.

»Backt ihr denn im Jahr 2017 kein Brot?«, fragte Maria.

Nach einer Zeit des Schweigens und Knetens, in der Hanna überlegte, was sie sagen sollte, begann sie schließlich. »Doch, schon, aber es ist ganz anders als hier. Bei uns kommt das Wasser aus Rohren und Wasserhähnen in der

Küche und im Badezimmer. Wir haben keine Latrinen, sondern Toiletten. Mit Wasser wird alles weggespült ...«

Maria unterbrach sie und rief:»Was, mit Wasser? So verschwenderisch geht ihr damit um? Wir müssen für jedes bisschen Wasser, das wir brauchen, zum Brunnen laufen.«

»Ja, ich weiß«, sagte Hanna,»aber die Menschen in meiner Zeit besinnen sich gerade auch wieder auf das Wassersparen. Wir bekommen auch warmes Wasser aus der Leitung, im Keller wird es zuvor in einem Tank erwärmt, oder es wird beim Fließen durch eine Flamme erwärmt.«

Maria schaute sie verwundert an.»Habt ihr auch in jedem Zimmer einen Ofen oder Kamin?«, wollte sie dann wissen.

»Nein, wenn wir eine offene Feuerstelle haben, dann meist nur noch im Wohnzimmer. Jeder Raum in der Wohnung hat einen Heizkörper, der Wärme abstrahlt und die Räume erwärmt.« Marias Augen waren mittlerweile kugelrund, dabei hatte Hanna noch nicht einmal von Autos, Flugzeugen und Computern erzählt. Fieberhaft überlegte sie, ob es überhaupt richtig sei, alles zu erzählen, oder ob es Maria nur verwirren würde.

»Fahrt ihr auch noch mit Kutschen, die von Pferden gezogen werden, oder ist das bei euch auch anders?«

Es war, als hätte Maria ihre Gedanken gelesen.»Nein, wir haben Autos, das sind Fahrzeuge, die von alleine fahren, ohne Pferde«, antwortete Hanna.

»Und was essen sie?«

»Es sind keine Lebewesen, sondern Maschinen, die Benzin brauchen, so ähnlich wie deine Petroleumlampe Petroleum zum Leuchten braucht.«

Maria überlegte eine Weile, dann nickte sie zufrieden.
»Es ist schön, wenn sich die Welt entwickelt und verändert«,
sagte sie. Da konnte Hanna ihr nur zustimmen. »Jetzt bin
ich aber mit dem Fragen dran«, lachte sie. »Magst du Katharina von Bora?«

Maria überlegte nicht lange, sondern antwortete spontan: »Oh ja, denn sie redet nicht nur davon, was man tun
sollte, sondern geht mit gutem Beispiel selbst voran. Sie hat
ein großes Herz für die Kinder, für die Bedürftigen, aber
auch für uns Küchenmädchen hat sie stets ein gutes Wort
übrig.

Über Marias Gesicht breitete sich ein Lächeln aus und
Hanna zweifelte nicht an ihren Worten. »Du hast gesagt, du
musst in der Schule etwas über sie schreiben, das heißt, du
kannst also lesen und schreiben?«, fragte Maria.

»Ja, wir Kinder gehen alle in die Schule und lernen das
von klein auf. Auch Rechnen lernen wir.« Maria schaute sie
voller Hochachtung an. »Wir Küchenmädchen und auch
die Knechte können alle nicht lesen, aber die Frau Lutherin
liest uns manchmal aus der Bibel vor. Gottes Wort auch im
täglichen Leben zu hören, ist immer sehr schön.«

Hanna dachte nach, was sie noch fragen könnte. Was war
am wichtigsten, was interessierte sie am meisten?

»Martin Luther trifft sich doch regelmäßig mit den anderen Reformatoren, ist seine Frau dann auch dabei, redet
und diskutiert sie mit den Männern?«, fragte Hanna nach
einer Weile.

»Wir Küchenmädchen sind nur sehr selten dabei, um zu
bedienen, Wein und Bier nachzuschenken. Aber doch, ein-

mal habe ich persönlich erlebt, wie sie ihre Meinung zu Ehe und Mutterschaft kundtat. Auch von anderen ist manchmal zu hören, wie sie ihrem Mann, dem Dr. Martinus ihre Meinung zu seinen Briefen und Büchern sagt. Sie würden das eine oder andere wohl auch miteinander disputieren.

»Was meinst du denn mit disputieren?«, fragte Hanna erstaunt. Dieses Wort hatte sie noch nie gehört.

»Na, sie sagt ihre Meinung zu seinen Aufsätzen und manchmal streiten sie sich auch darüber. Die Frau Lutherin ist sehr mutig und ich kenne keine andere Frau, die sich so etwas traut.«

»Wieso? Sagen die Frauen in deiner Zeit nicht ihre Meinung?«

Maria sah Hanna an und überlegte. »Nein, das machen sie nicht, sie müssen sich dem Willen des Mannes beugen. Er ist der Herr im Haus und kann über seine Frau und seine Kinder bestimmen.«

»Du meine Güte, das ist bei uns aber ganz anders. Meine Eltern reden über alles und manchmal streiten sie sich auch darüber, wer Recht hat. Doch immer finden sie eine gemeinsame Lösung.«

»So, wie hier Katharina von Bora«, überlegte Maria.

»Ja, sie scheint ihrer Zeit weit voraus zu sein«, erwiderte Hanna, »wirklich eine erstaunliche Frau.«

»Weißt du, was Dr. Martinus zu seinen Freunden gesagt hat?«, fragte Maria. »*Wenn ich noch einmal freien sollte, so wollte ich mir ein gehorsames Weib aus einem Stein hauen, sonst hab ich verzweifelt an aller Weiber Gehorsam.*«

Hanna musste lachen: »Dann disputieren sie sicher öfter

miteinander. Und sie gewinnt wohl … Es ist doch nur gerecht, dass auch Frauen ihre Meinung sagen dürfen.« Ganz sicher war das etwas, was sie in ihrer Schularbeit erwähnen musste, dass Katharina von Bora in ihren Ansichten eine *moderne* Frau war.

Maria schaute sie nur aus großen Augen an, zu fremd war die Zeit aus der Hanna stammte und gleichzeitig so verlockend.

»Schade, dass du mich nicht mitnehmen kannst. Ich würde so gerne die Welt sehen, wie sie in deiner Zeit ist«, schwärmte Maria, »dann würde auch ich lesen und schreiben und rechnen können. Und mit einem Auto fahren …« Dann gab sie sich einen Ruck und sagte: »Doch nun lass uns wieder unser Augenmerk auf den Brotteig legen, sonst wird das Brot heute nicht mehr fertig.«

Mit geübter Hand formte Maria mehrere Brotlaibe aus dem Teig und legte sie in Rettigkörben auf ein großes Holzbrett, damit der Teig in der beginnenden Wärme des Backhauses aufgehen und sich lockern konnte. Hannas Brotlaibe waren nicht so wohlgeformt, doch Maria meinte, sie wären in Ordnung und dürften so bleiben.

»Für das erste Mal hast du dich manierlich angestellt«, lobte sie. Die Brote müssen jetzt einige Zeit ruhen, wir aber werden in die Küche gehen und helfen, das Essen vorzubereiten.

»Was denn, jetzt schon?« fragte Hanna irritiert.

»Ja, wir kochen Essen für 40 Menschen, darunter Freunde, Studenten, Verwandte und das Gesinde«, meinte Maria, »da braucht man viele fleißige Hände.«

»Wieso leben denn hier so viele Studenten?«, fragte Hanna.

»Das hat die Herrin eingeführt, denn durch das Kostgeld wird die Haushaltskasse aufgebessert und sie hat mehr Geld zum Wirtschaften«, antwortete Maria. »Außerdem ist hier ja nun wirklich genug Platz«, lachte sie. »Unsere Aufgabe heute ist es, Pastinaken zu schälen.«

›Das auch noch‹, dachte Hanna missmutig. Zuhause hatte sie schon öfter Ärger mit ihrer Mutter bekommen, da sie sich immer vor jeglicher Küchenarbeit drückte. Und nun war sie hier gelandet, backte Brot, musste Pastinaken schälen und wer weiß, was noch kommen würde. Was sind überhaupt Pastinaken, komischer Name, hatte sie nie gehört. Außerdem war sie müde und ihre Arme taten ihr weh vom Teigkneten. Sie verstand nicht, wie Maria immer noch so munter und ausgeruht aussehen konnte. Aber Hanna blieb nichts anderes übrig, als Maria in die Küche zu folgen.

KAPITEL 5

NOCH MEHR ARBEIT, NOCH MEHR FRAGEN

Sie gingen über den staubigen Hof, Hühner scharrten und pickten nach Körnern. Deutlich waren die Schwalben zu hören, die hoch oben, unter dem Scheunendach, ihre Nester hatten. Hanna hörte sogar die piepsigen Stimmen der jungen Schwalben, wenn die Elterntiere ihnen Insekten brachten. Eine junge Linde stand in der Mitte des Hofes und streckte ihre Äste hoch zur Sonne. Ihre Blätter waren noch immer von einem hellen Grün, obwohl der Frühling schon lange dem Sommer Platz gemacht hatte. Kinder spielten mit einem großen Hund Fangen und eine Katze schaute von einem hohen Fenstersims aus dem Treiben zu. Hanna musste schmunzeln, denn der Hund stolperte immer wieder über einen Stein oder eine kleine Bodenwelle. Maria blieb stehen, lächelnd sagte sie:»Der Hund heißt Tölpel. Er ist der Liebling von Hans, dem ältesten Sohn von Dr. Martinus und Katharina von Bora.«

Die spielende Rasselbande kam auf sie zu und als Tölpel bei den beiden Mädchen laut hechelnd stehenblieb, streichelte Hanna ihm über das zottige Fell. Mit treuen Augen blickte der Hund zu ihr auf und sie sah, dass goldene Funken in den braunen Augen tanzten. Tölpel musste man einfach gernhaben. Schwanzwedelnd sprang er den kleinen Kindern hinterher. Maria schaute ihnen nach und sagte mit warmer Stimme:»Tölpel ist so eine Art Schutzengel für die Kinder hier. Auch wenn er oft stolpert, so passt er doch auf sie auf.« Staunend schaute Hanna sie an. Ein Hundeschutzengel? Konnte es so etwas denn geben? Bevor Hanna fragen konnte, hatte sich Maria schon umgedreht und sagte:»Komm, wir müssen weiter.«

Hanna seufzte innerlich. In der Küche waren schon zwei Mädchen und die Köchin mit der Vorbereitung des Essens beschäftigt. Sie summten leise vor sich hin und schauten nur kurz auf, als Maria und Hanna hereinkamen. Die Küche wurde dank der großen Fenster, die sich von beiden Seiten an den Raum anschmiegten, hell erleuchtet. Auch dieser Raum wurde von einem hohen Deckengewölbe überspannt. Maria holte zwei Messer, eine Schüssel mit Pastinaken und eine leere für die Schalen. Jetzt erkannte Hanna auch das Gemüse. Die Psatinaken sahen aus wie Mohrrüben, nur dass sie etwas dicker und heller waren, fast weißlich. Sie hatte sie oft gesehen, aber den Namen dazu nicht gewusst. Sie setzten sich etwas abseits an den großen Eichentisch und fingen mit dem Schälen an. Hanna kam zu ihrem Erstaunen gut mit dem großen Messer zurecht und ihr Gemüse sah nach dem Schälen tatsächlich noch ganz ordentlich und nicht zerrupft aus.

»Hast du eigentlich auch eine Freundin hier im Schwarzen Kloster?«, fragte sie Maria.

»Ja, aber im Moment arbeitet sie bei ihrer Familie im Haus. Ihre Mutter ist krank, deshalb ist Gundula dort.«

»Vermisst du sie?«

»Ja, sehr, sie wird noch für einige Zeit fortbleiben. Normalerweise arbeiten wir zusammen. Gundula ist immer so fröhlich und gut gelaunt, außerdem kann ich ihr alles erzählen, sie sagt es nicht weiter. Auch wenn wir uns mal streiten, ändert das nichts an unserer Freundschaft. Das mag ich sehr an ihr.«

Hanna war fast ein bisschen neidisch. Sie hatte zwar auch eine Freundin oder besser gesagt viele Freundinnen, aber keine beste Freundin. Sicher, Mia sagte manchmal zu ihr, dass sie ihre BFF war, doch das änderte sich von Tag zu Tag. Es konnte auch sein, dass Mia ihre Geheimnisse einfach an Anna oder jemand anderen ausplauderte. Hanna wurde traurig, als sie merkte, wie viel oberflächlicher ihre Freundschaften anscheinend waren. Maria bemerkte Hannas traurigen Gesichtsausdruck und wechselte das Thema.

»Gibt es in deiner Zeit eigentlich Bücher und Geschichten über meine Zeit, über Dr. Martinus Luther und seine Familie?« Hanna nickte heftig. »Ja, da gibt es sehr viel. Martin Luther wird als großer Reformator der Kirche in die Geschichtsbücher eingehen. Auf ihn begründet sich die evangelische Kirche. Seine Thesen kann man überall nachlesen und er ist auch in meiner Zeit noch ein großer Mann.«

Maria dachte eine Weile nach und dann fragte sie: »Und seine Frau und seine Kinder? Werden die denn auch erwähnt?

»Von Katharina von Bora wird auch gesprochen. Sie ist

die erste Pfarrfrau in der Kirchengeschichte und sie ist noch immer für viele Frauen ein großes Vorbild. Es gibt auch Bücher über sie, aber längst nicht so viele wie über ihren berühmten Mann. Deshalb kam ich mit meinem Aufsatz für die Schule auch nicht weiter. Ich wollte mehr über diese besondere Frau erfahren, als die nackten Zahlen. Selbst wenn sie in meiner Zeit gelebt hätte, wäre ihr Leben außergewöhnlich gewesen.«

Maria nickte, dann fragte sie:»Schreibt man auch etwas über mich? Maria Holthusen?«

Hanna schluckte. Was sollte sie nun sagen?»Nein, über dich und die anderen wird nichts Persönliches berichtet. Nur, dass ihr alle zusammen sehr fleißig ward und das Schwarze Kloster mit eurer gewissenhaften Arbeit zum Strahlen gebracht habt.« Das war nicht gelogen.

Marias Augen leuchteten auf.»Das ist schön und es stimmt ja auch. Ich lebe und arbeite sehr gerne hier. Es ist ein guter Ort und alle Menschen hier sind Gott und Jesus Christus sehr nah. Durch Dr. Martinus Luther wissen wir, dass wir keine Angst vor Gott haben müssen, sondern dass wir in Liebe zu ihm leben können. Sein Wort ist hier lebendig und wird täglich gelebt. Wir müssen uns nicht jeden Tag selbst kasteien, um Gottes Gnade zu erfahren.« Hanna staunte, mit welcher Hingabe ihre neue Freundin an die Liebe Gottes glaubte. Es musste furchtbar gewesen sein, nur an einen strafenden Gott zu glauben. Was hatte die Reformation nicht alles verändert. Es berührte Hanna, wie fest Gott und sein Sohn, Jesus Christus, in den Gedanken von Maria verankert war. Auch hier musste sie leider passen.

Sie versuchte sich zu erinnern, wann sie das letzte Mal im Gottesdienst gewesen war oder eine Kirche besucht hatte. Es wollte ihr einfach nicht einfallen. Dabei war es immer sehr schön gewesen und das nicht nur an Weihnachten und Ostern. Ihr Pfarrer in der evangelischen Gemeinde war sehr nett und offen. Er hielt stets lebendige Predigten von seiner hölzernen Kanzel in der alten Feldsteinkirche. Hanna wusste nicht, wieso sie so lange nicht mehr im Gottesdienst gewesen war. Sie spürte bei Maria etwas, was in ihrer Welt nicht so oft zu fühlen war: Maria glaubte an Gott und Jesus Christus. Dieser Glaube gab ihr Kraft. Vielleicht auch genug Kraft, um Sorgen und Probleme zu ertragen. Ja, so musste es sein: Getragen im Glauben. Hanna wurde schon wieder neidisch. Sie wollte auch so leben.

Maria schien wieder ihre Gedanken lesen zu können: »Wie ist das bei dir in deinem Leben? Betest du auch und gehst du in die Kirche? Oder ist das alles bei euch anders?«

»Ja, es ist anders, bei vielen Menschen jedenfalls. Sie haben sich von Gott und seinem Sohn entfernt und gehen kaum noch in die Kirche. Ich auch nicht.«

Maria schaute Hanna aufmerksam an und sagte: »Erinnerst du dich, was die Frau Lutherin heute Morgen zu dir gesagt hat? Du bist ein Kind Gottes.« Staunend erwiderte Hanna: »Ja, das werde ich niemals vergessen.«

Mit diesen Worten wurde es ihr auch schon leichter ums Herz. Sie war ein Kind Gottes, und das konnte ihr keiner nehmen, auch sie selbst nicht. Mit neuer Energie schälte sie an der Seite von Maria weiter ihre Pastinaken. Dabei fiel ihr ein, dass sie gar nicht wusste, ob Martin Luther auch im

Hause war. Sie hatte ihn noch nicht gesehen und wunderte sich, dass sie erst jetzt daran dachte, nach ihm zu fragen. Sie erfuhr von Maria, dass Dr. Martinus, wie sie ihn immer nannte, im Turm, in seiner Studierstube war und mit Dr. Justus Jonas und Johannes Bugenhagen Texte zur Reformation besprach.

»Dr. Martinus ist erst vor zwei Wochen aus Torgau zurückgekehrt.« Maria sprach mit Stolz in der Stimme. »Überall werden seine Thesen mittlerweile verbreitet und gelesen. Das ruft natürlich manchmal auch Konflikte hervor, denn nicht jeder Landesherr ist damit einverstanden. Dr. Martinus muss viel durch die Lande reisen, um Streitigkeiten zu schlichten und manches zu bereden. Zum Glück hat er Freunde und Mitstreiter, die ihn dabei begleiten.«

Hanna überlegte kurz und sagte dann: »Das war damals ganz schön mutig von ihm, seine Thesen einfach an der Schlosskirche anzuschlagen.«

Maria seufzte auf. »Ja, er wurde sogar für vogelfrei erklärt, weil er seine Thesen vor dem Papst nicht widerrufen hat. Ich habe damals noch nicht gelebt, das war lange vor meiner Zeit, aber stell dir das mal vor, dass du durch die Lande wanderst und immer Angst haben musst, dass dich einer tötet und nicht einmal dafür bestraft werden darf.« Maria schüttelte sich leicht und auch Hanna fand das furchtbar.

»Dr. Martinus blieb aber bei seinen Thesen«, fuhr Maria fort, »dass in der Bibel überhaupt nicht drinstehen würde, dass ein Ablassbrief von Strafe befreit. Und er hat auch gesagt, dass Gott uns die Vergebung schenkt und sie sich nicht abkaufen lässt. Was meinst du, wie die Kirchenherren sich darüber erbosten, denn sie haben viel weniger Geld eingenommen, weil immer weniger Menschen Ablassbriefe kauften.«

Mit einem strahlenden Lächeln sagte Maria: »Dr. Martinus hat uns mit seinen Thesen so viel gegeben. Ich bin froh, dass ich hier leben darf.« Maria schwärmte regelrecht von diesem Ort und es gab in der Tat keinen besseren Arbeitsplatz als diesen, in der Nähe von Martin Luther, Katharina von Bora und den Gedanken der Reformation.

In Gesellschaft ließ es sich gut arbeiten. Die Mädchen sangen und plapperten und Hanna versuchte es ihnen gleichzutun, um nicht aufzufallen. Sie war erstaunt, wie leicht sie sich den Dialekt der Menschen hier schon angeeignet hatte. Mühelos hatte sie vom ersten Augenblick an alles verstanden und auch sie selbst sprach nun in dieser Sprachfärbung, als wäre sie hier geboren worden. Es war einfach nicht zu glauben.

Auch gesungen wurde hier viel. Die Liedertexte kannte sie zwar allesamt nicht, aber die Melodien kamen ihr vertraut vor. Wie sie sich erinnerte, hatte Martin Luther ja auch Kirchenlieder geschrieben. Vor der Reformation wurden alle Lieder auf Latein gesungen und die einfachen Leute konnten die Texte nicht mitsingen. Hanna erinnerte sich an ein Zitat aus dem Unterricht, in welchem Martin Luther fand: »*Wer singt, betet doppelt.*« Und deshalb schrieb er Liedtexte auf Deutsch, sodass die Menschen im Gottesdienst auch mitsingen konnten.

Hanna hing ihren Gedanken nach. Wenn sie nicht mit

Maria alleine war, war es schwieriger, ihr Fragen zu stellen oder aus ihrem Leben zu erzählen.

›Wie es Mama und Papa wohl geht? Hoffentlich vergeht dort die Zeit langsamer oder gar nicht, während ich hier bin. Ich möchte nicht, dass sie sich Sorgen um mich machen.‹ Hanna wurde bei den Gedanken an ihre Eltern etwas traurig und bekam Heimweh. Außerdem machte sie sich Gedanken darüber, wann und wie sie wohl wieder nach Hause kommen würde.

»Hallo, nicht träumen, die Pastinaken schälen sich nicht von alleine«, mit diesen Worten stupste Maria sie an. Hanna hatte gar nicht gemerkt, dass sie ihre Hände reglos über der Pastinake im Schoß hielt. Schneller als gedacht, war das restliche Gemüse geschält. Die beiden anderen Mädchen würden nun mit der Köchin das Essen zubereiten und Maria zog ihre neue Freundin wieder zurück auf den Hof.

KAPITEL 6

MAGDALENCHEN

Der Brotteig wartete darauf, zu leckeren Brotlaiben gebacken zu werden. Im Hof tanzten die Sonnenstrahlen um die Wette und Magdalene tanzte mit ihnen. Als das kleine Mädchen Hanna erblickte, kam sie mit fliegenden Zöpfen auf sie zugerannt. Ihre Mutter stand in der Hofeinfahrt und besprach etwas mit einem Kutscher.

»Sicher verhandelt die Frau Lutherin mit ihm wegen der Baustoffe für das Kloster«, sagte Maria, als sie Hannas Blick sah.

Als Katharina sich umdrehte, um etwas vom Fuhrwerk herunterzuholen, sah Hanna wie sie leise mit den beiden Kutschpferden sprach und ihnen sanft über die Nüstern streichelte. Da, jetzt gab sie ihnen etwas aus ihrer Kitteltasche zu fressen. Darüber hatte Hanna auch etwas im Internet gelesen: Katharina von Bora liebte Pferde, denn diese hatten sie aus dem Zisterzienserkloster über Torgau nach Wittenberg und damit in Sicherheit gebracht. Der Kurfürst dort war den Reformationsgedanken von Martin Luther gegenüber positiv eingestellt und entflohene Nonnen oder auch Mönche fanden dort Unterschlupf. Im Gegensatz zu den katholisch regierten Städten und Ländereien, denn dort wurde so eine Flucht mit dem Tode bestraft. Und nicht nur Katharina, sondern auch acht weitere Nonnen waren aus dem Kloster Marienthron bei Nimbschen in der Osternacht 1523 geflohen. Hanna stand im Hof und starrte Katharina von Bora an. Welche Wandlung diese Frau hinter sich hatte, was für ein Leben, an der Seite eines Verfolgten und selbst Verfolgte zu sein. Hanna fielen wieder einige Fakten aus Katharinas Leben ein: Als kleines Mädchen von ihrem Vater ins Kloster gebracht, wurde sie Nonne, und nun war sie die Ehefrau von Martin Luther und hatte Kinder zur Welt gebracht. Außerdem führte sie einen großen Hausstand und dies offensichtlich mit großem Erfolg. Das hatte Hanna nicht nur gelesen, sondern hier konnte sie es ganz praktisch sehen. Das Mittelalter hatte sie sich immer dreckig und elendig vorgestellt, aber hier herrschte Ordnung und Sauberkeit. Über den ehemaligen Klosteranlagen lag ein schützender Umhang des Friedens. Hanna stutzte und wunderte sich über ihre Gedanken. Das Leben hier schien bereits auf sie abzufärben.

Magdalene zog an ihrer Hand und holte Hanna zurück. »Darf ich mit dir zusammen ein Brot backen?«, bat die Kleine. »Bitte, bitte!« Hanna sah mal wieder ratlos zu Maria, schließlich konnte sie das nicht einfach entscheiden. Maria lachte und sagte zu Hanna: »Lenchen hat wohl einen Narren an dir gefressen.« Zärtlich streichelte sie dem kleinen Mädchen über die Haare. Fragend sah Magdalene zu ihr auf.

»Meinetwegen darfst du mitkommen, du musst aber deine Mutter vorher fragen. Geh, lauf zu ihr, wir warten hier.« Das ließ sich das Kind nicht zweimal sagen und rannte los.

Hanna und Maria beobachteten, wie Katharina von Bora ihrer Tochter über die Wange streichelte und ihr zunickte. Mit einem fröhlichen Lachen kam sie auf die beiden Mädchen zugerannt. Die Wangen der Kleinen waren vom schnellen Laufen gerötet und ihr Atem ging schneller. »Ich darf mitkommen«, sagte sie stolz. Sie legte wieder ihre Hand vertrauensvoll in die viel größere Hand von Hanna. Es fühlte sich gut an, wie Hanna zugeben musste. Katharina von Bora winkte ihnen zu und ging wieder ins Haus hinein. Hanna spürte eine eigenartige Wärme in ihrem Bauch aufsteigen. Lag es an der Kinderhand in der ihren oder an dem warmen Lächeln der Hausherrin. Hanna konnte es nicht sagen. Das Backhaus war in der Zwischenzeit sehr warm geworden. Schon fast zu warm. Mit einem Zipfel ihres Gewandes wischte sich Maria über das Gesicht. Auch Hanna schwitzte. Die Mädchen kneteten die Laibe noch einmal gut durch und Magdalene durfte sie oben kreuzförmig einritzen. Als sie nach einer Zeit mit allen fertig waren, konnten sie die Brote mit einem großen Holzschieber in den Ofen schieben. Maria legte noch einmal ordentlich Holz nach.

»Und was machen wir jetzt?«, fragte Hanna.

»Nun müssen wir eine Stunde warten, bis wir die restlichen Brote hineinschieben können.«

»Hast du denn eine Uhr?«, fragte Hanna neugierig.

»Nein.«

»Und woher weißt du dann, wann die Brote fertig sind?«, staunte Hanna.

»Das lese ich am Sonnenstand ab, ist doch kinderleicht.« Hanna fand das ganz und gar nicht kinderleicht. Sie brauchte zu Hause immer ihre Armbanduhr oder neuerdings auch ihr Handy, um zu wissen, wie spät es war. Auf die Idee, dazu den Sonnenstand zu nehmen, war sie noch nie gekommen. Doch sie fand, dass das eine tolle Idee war und fragte: »Ist das denn schwer zu lernen?«

Magdalene kicherte leise. Auch Maria musste lachen: »Nein, das ist gar nicht schwer. Du schaust einfach zum Himmel, siehst, wo die Sonne steht, und dann weißt du Bescheid.«

So einfach sollte das sein? Hanna zog Maria mit sich vor die Tür des Backhauses. Magdalene folgte ihnen neugierig.

»Okay, dann sag mir doch bitte mal, wie spät es jetzt ist.«

Maria schaute zum Himmel hoch und sagte in Sekundenschnelle: »Ich weiß zwar nicht was okay heißt, aber es sind noch gut zwei Stunden bis zum Mittagessen und deshalb können wir vorher noch das gebackene Brot aus dem Ofen holen und das neue hineinschieben.« Hanna vergaß immer wieder, dass Maria ihre Sprache ja nicht kannte, bzw. manche Ausdrücke, die sie benutzte.

»Okay kommt aus dem Englischen und bedeutet ungefähr soviel wie *in Ordnung*.«

Maria schaute sie ehrfurchtsvoll an und auch Magdalene starrte zu Hanna hoch.

»Du sprichst Englisch?«

Hanna hätte sich ohrfeigen können. Hoffentlich plauderte die kleine Magdalene das nicht aus. Was sollte sie jetzt antworten? Sie wollte sich nicht hervortun oder so, aber sie vergaß immer wieder, dass Sachen, die für sie selbst völlig normal waren, für Maria absolut unnormal waren. Außergewöhnlich halt. So wäre es etwa für Hanna, wenn eines Tages ein Mädchen in ihrem Zimmer auftauchen und sagen würde: »Hey du, ich komme vom Planeten Mars und heiße PTO4. Außerdem spreche ich Erdisch, Marsianisch und auch etwas Jupiterisch.«

Mal ehrlich, dann würde sie sich auch irgendwie merkwürdig fühlen und das nicht nur ein bisschen. Sie sollte einfach vorsichtiger sein, mit dem, was sie sagte oder mit dem, was sie von ihrer Welt preisgab. Nickend antwortete Hanna: »Ja, das lernen wir auch in der Schule. Viele sprechen auch andere Sprachen wie Französisch oder Niederländisch. Manche haben auch Latein in der Schule. Doch ich kann nur Englisch.«

»Ich kann ein paar Sätze Latein«, sagte Maria stolz, »das habe ich mir selbst beigebracht, denn ich höre immer genau hin, wenn ich in der Messe bin.«

Hanna überlegte kurz und fragte dann: »Ich dachte, dass durch Martin Luther die Messe jetzt immer auf Deutsch gehalten wird. Liege ich da falsch?«

»Nein, du hast Recht, nun verstehe auch ich, was im Gottesdienst gesprochen wird. Es ist viel schöner für mich und die Predigten berühren oft mein Herz. Trotzdem kommen manchmal noch lateinische Sätze darin vor.«

Magdalene wurde unruhig. Ihr war das eindeutig zu viel Gerede. Sie wollte Hanna sehr gerne den Stall mit den vielen

Tieren zeigen. Außerdem hatte die Katze gerade Nachwuchs bekommen und Magdalene konnte sich einfach nicht sattsehen an den kleinen Kätzchen. Sie wollte Hanna mit sich ziehen.

»Warte, ich möchte erst noch verstehen, wie Maria die Uhrzeit am Stand der Sonne ablesen konnte.« Maria lachte auf und antwortete: »Das ist doch ganz einfach. Schau hoch in den Himmel. Wo steht die Sonne?« Hanna schützte ihre Augen mit den Händen vor der blendenden Sonne und sagte: »Fast senkrecht über uns.«

»Eben, und wenn sie am Höchsten steht, also im Sommer genau über uns, dann ist Mittagszeit.«

Hanna fand dieses Wissen wirklich beeindruckend. Sicher, sie hatte schon von Sonnenuhren gehört, aber noch nie eine gesehen. Zuhause würde sie auf jeden Fall auch einmal probieren, ohne Uhr zurechtzukommen.

KAPITEL 7

VOM WISSEN UND WÜNSCHEN

Magdalene war schon zum Stall vorausgegangen und kam nun mit einem kleinen, schnurrenden Kätzchen auf dem Arm zurück.

»Hier«, sagte sie nur und drückte Hanna das Katzenkind in den Arm. Es war herrlich weich und wie es schnurrte. Der ganze kleine Körper des Kätzchens vibrierte beim Schnurren. Fast wie ein kleiner Traktor. Hanna, die keine Tiere haben durfte, war begeistert. Sie hob das Kätzchen hoch und hielt es an ihre Wange. Wie weich das Fell war. Dann hielt sie ihre Nase an das kleine Tier und atmete den Geruch intensiv ein. Wie gut es roch. Gar nicht schmutzig, wie ihre Eltern immer behaupteten. Die meinten nämlich, dass alle Katzen und vor allem die Hunde stinken würden. Sie folgte, mit der Katze auf dem Arm, Maria und Magdalene in den geräumigen und hellen Stall.

›Auch hier: Licht und Sauberkeit‹, dachte Hanna, als sie wahrnahm, wie viele Tiere sich im Stall befanden.

»Du meine Güte«, rief sie aus, »wie viele Tiere ihr habt! Das sind ja mindestens zehn Schweine und vier Kühe. Dazu

Ziegen, Schafe und draußen die vielen Hühner.« Während Magdalene jedem Tier eine kleine Leckerei in den Futtertrog legte, schaute Maria stolz zu Hanna. »Ja, wir haben hier in Wittenberg die meisten Tiere im Stall.«

Hanna wollte Marias Stolz nicht verletzen und sagte nicht, dass in ihrer Zeit die Anzahl der Stalltiere in die Tausende gingen.

Hanna erinnerte sich, dass Katharina von Bora im Schwarzen Kloster in Wittenberg viel Erfolg mit der Schweinezucht gehabt hatte.

Hanna beobachtete Magdalene und sah, wie liebevoll sie mit den Tieren sprach. Sie war wirklich ein sonniges Kind, voller Liebe und Heiterkeit. Aber auch voller Ungeduld, denn nun griff sie wieder nach Hannas Arm und sagte: »Komm, ich möchte dir die Brauerei zeigen.«

»Brauerei?«, fragte Hanna staunend. »Hier wird auch Bier gebraut?«

Was hatte Martin Luther noch seiner Frau geschrieben, als er auf Reisen war: »*Meiner freundlichen lieben Hausfrau Katharina Luther von Bora, Predigerin, Brauerin, Gärtnerin, Schweinezüchterin und was sie mehr sein kann.*« Hanna erschien eine solche Anrede wirklich passend.

»Ja, die Frau Lutherin hat vor einigen Jahren mit dem Bierbrauen angefangen«, erklärte Maria, »auf dem alten Kloster lag ein Braurecht und der Kurfürst Johannes der Beständige hat dieses Braurecht zusammen mit dem Kloster übertragen. Es schmeckt wirklich gut. Es ist immer etwas ganz Besonderes, wenn wir davon kosten dürfen.«

Hanna sah nun nicht mehr staunend, sondern fassungslos aus. »*Du* trinkst Bier? Bist du dafür nicht noch viel zu jung?«

»Nein, das bin ich nicht. Alle trinken hier gerne Bier. Es ist eine schöne Abwechslung zum Wasser. Unser Brunnenwasser ist manchmal verdorben und macht krank. Dann greifen wir alle auf das gute Bier zurück. Es hat uns schon so manches Mal das Leben gerettet. Und der Herr Luther nimmt auf seinen Reisen oft ein kleines Bierfass mit. Manchmal lässt er es sich auch nachschicken. Denn er sagt stets, dass das Bier seiner Frau Gemahlin ihm am besten bekommt.«

Hanna konnte sich das einfach nicht vorstellen und schüttelte unmerklich den Kopf. Zu Hause durften Kinder in ihrem Alter auf jeden Fall kein Bier trinken.

»Kommt!«, forderte Magdalene ungeduldig auf und holte Hanna damit aus ihren Gedanken. Die Kleine hopste aufgeregt vor den großen Mädchen her, sodass ihre Zöpfe um ihr kleines Gesicht flogen. »Sag mal, wer flechtet dir denn die schönen Zöpfe?« Hanna sah die Kleine fragend an.

»Das kann ich ganz allein«, antwortete sie voller Stolz, »diesen Sommer habe ich endlich gelernt, sie mir selber zu flechten. Meine Mutter hat es mir beigebracht.« Hanna lächelte dem Kind zu. »Du siehst wirklich hübsch aus.« Magdalene strahlte übers ganze Gesicht. Maria und Hanna sahen sich an und lachten. Die Lebensfreude des Kindes war ansteckend.

Beim Eintreten in die Brauerei staunte Hanna: »So viele Bierfässer?«

»Ja, wir brauchen ja auch viel davon, außerdem muss es eine Zeit lang hier reifen.«

»Und das Bierbrauen ist alleine Katharinas Aufgabe?«, fragte Hanna neugierig.

»Sie hat einen Knecht, der ihr hilft, aber sie steuert und bestimmt alles. Sie besorgt auch den Einkauf der Gerste. Schon damals, als sie noch eine Nonne war, hat sie das Bierbrauen gelernt.« Hanna hörte Maria aufmerksam zu. Das hatte sie gar nicht mehr in Erinnerung. Sie wusste natürlich, dass Katharina von Bora früher im Zisterzienserkloster Marienthron bei Nimbschen als Nonne gelebt hatte. Doch was sie dort gemacht hatte, war ihr nicht im Gedächtnis geblieben.

»Nonnen, die Bier brauen?«, fragte sie deshalb etwas erstaunt. »Was hat sie denn dort noch alles gelernt?« Während Maria überlegte, antwortete Magdalene: »Sie hat ganz viel dort gelernt. Lesen und Schreiben und das Bierbrauen.«

Die Kleine klang sehr stolz, als sie von ihrer Mutter sprach. Maria ergänzte noch: »Ihre Tante Magdalene war Siechenmeisterin im Kloster Marienthron und von ihr hat sie auch sehr viel gelernt.« Als sie Hannas fragenden Blick sah, fügte sie hinzu: »Eine Siechenmeisterin ist eine heilkundige Frau, die sich mit den Krankheiten von Mensch und Tier auskennt und die viel über Heilpflanzen und Kräuter weiß.«

›Siechenmeisterin‹, dachte Hanna bei sich, ›das klingt ja furchtbar. Da ist mir eine Ärztin doch tausendmal lieber.‹ Hanna schüttelte sich, denn siechen klang für sie einfach nur nach dahinsiechen und sterben, aber nicht nach gesund werden. Die Sonne schien durch viele kleine Fenster in die Brauerei hinein und Magdalene tanzte mit den Sonnenstrahlen um die Wette. Hanna musste schmunzeln. Es war, als ob dieses Kind vom Leben nicht genug bekommen könnte, als müsste sie jeden Moment voll auskosten, so als gäbe es kein Morgen. Was für ein besonderes Kind.

Ansonsten gab es in der Brauerei nichts mehr zu sehen und außerdem interessierte sich Hanna auch nicht für das Bierbrauen. Als sie wieder vor die Tür traten, fragte Maria: »Und? Wie viel Zeit ist nun vergangen, seitdem wir das Backhaus verlassen haben? Wann müssen wir wieder zurück zu unserem Brot?«

Hanna schaute in den Himmel. Die Sonne blendete sehr und sie musste eine Hand vor die Augen halten. Immer noch war keine Wolke am Himmel zu sehen. Nur die Schwalben flogen auf der Jagd nach Insekten laut zwitschernd ihre Runden.

»Hmm, ich würde sagen, es ist noch keine ganze Stunde vergangen.« Hanna schätze dies allerdings mehr, als dass sie es am Sonnenstand ablas.

»Du lernst schnell, ja, es ist noch etwas Zeit, bis wir das Brot herausholen müssen.« Magdalene sah weiter hinten im Hof andere Kinder, ließ sogleich die Hand von Hanna los und rannte hinüber. Dabei stolperte sie fast über ihr rostrotes Gewand aus Wolle. Belustigt schauten Maria und Hanna dem Kind hinterher.

»Wo sind die anderen Kinder von Martin Luther und seiner Frau?«, wollte Hanna wissen.

»Hans hat Unterricht bei seinem Lehrer. Martin, Paul und Margarethe sind noch so klein, dass sie die meiste Zeit im Haus verbringen, sie gehen nur mit ihrer Mutter, ihrem Vater oder Tante Lene hinaus in den Garten. Martin würde sehr gerne mit Lenchen mitgehen, doch die Frau Lutherin hat es ihm streng verboten. Da muss er noch warten, bis er etwas älter ist.«

»Na ja, Magdalene ist auch nicht gerade groß«, erwiderte Hanna.

»Das stimmt«, gab Maria zu, »doch sie ist brav. So darf sie nach dem Unterricht bei ihrer Mutter nach draußen. Außerdem ist sie so ein Wirbelwind, man kann sie unmöglich aufhalten. Immer muss sie alles wissen und fragt uns manchmal Löcher in den Bauch.«

Hanna musste bei diesem Ausdruck grinsen, also gab es auch Redewendungen, die sich bis in ihre Zeit erhalten hatten. Es war schön, etwas Vertrautes zu hören.

»Katharina von Bora unterrichtet ihre Kinder selber?«

»Ja, zumindest die ersten Jahre. Wenn es dann ans Latein geht, wechseln sie zu ihrem Vater und später auch zu anderen Lehrern.« Maria sprach mit einer richtigen Hochachtung vom Lernen und vom Lesen und Schreiben.

»Gehst du auch in diesen Unterricht?«, fragte Hanna vorsichtig.

»Nein«, meinte Maria, »dafür bin ich schon zu alt. Ich muss jetzt arbeiten, aber die kleine Tochter vom Knecht sitzt manchmal auch dabei und lernt fleißig mit.« Maria wirkte ein wenig traurig.

»Ach was würde ich darum geben, auch Lesen und Schreiben zu lernen, endlich mal ein Buch lesen zu können«, seufzte Maria.

»Wieso fragst du nicht Katharina von Bora, ob sie es dir beibringen kann?«

»Das geht doch nicht, ich bin ein einfaches Küchenmädchen. Außerdem würde ich ja sonst meine Arbeit vernachlässigen.«

»Du müsstest nach der Arbeit lernen, dann dauert es zwar etwas länger, aber irgendwann kannst du dann lesen und schreiben.«

Maria sah sie mit großen Augen an. »Ich traue mich aber nicht zu fragen.« Hanna gab so schnell nicht auf: »Kann nicht noch jemand anderes hier lesen und schreiben?«

»Nein, und die es könnten, würden mich nicht unterrichten.«

»Es muss gehen, wenn du es so sehr möchtest.«

Maria schüttelte nur den Kopf. Hanna war verwirrt. Zu Hause schimpften viele Kinder über die Schule und wie nervig das Lernen war. Hier war das ganz anders. Es war etwas Besonderes, Lesen und Schreiben zu lernen, und Maria würde anscheinend viel dafür geben, es lernen zu dürfen. Wie verschieden diese beiden Zeiten doch waren.

Schon weit vor dem Backhaus duftete es nach frisch gebackenem Brot.

»Hmm, das riecht aber lecker«, sagte Hanna. Sie hielt ihre Nase in die Luft und atmete den Duft tief ein.

Maria kicherte: »Hast du noch nie frisch gebackenes Brot gerochen?«

»Wenn ich ehrlich bin, nein. Habe ich nicht. Wir holen das Brot meistens im Supermarkt und dort ist es schon in Tüten abgepackt.«

Jetzt war Maria wieder verwundert. »Was sind Tüten und was ist ein Supermarkt?«

»Tüten sind Taschen, in denen man seine Einkäufe nach Hause bringen kann. In einem Supermarkt kauft man Lebensmittel und andere Dinge ein.«

»Also sind Tüten so etwas wie unsere Jutesäcke«, überlegte Maria.

»Ja, stimmt«, warf Hanna ein, »bei uns sind sie manchmal auch aus Jute.« Hanna wollte hier nicht zu tief ins Detail gehen und Maria erklären, dass ihre Welt ein Problem mit den vielen Plastiktüten hatte und es deshalb ein Umdenken gab. Mehrwegtüten und auch Jutetaschen waren groß im Kommen. Sie wollte Maria nicht mit den Problemen aus ihrer Zeit belasten.

Das Backhaus war immer noch sehr warm, obwohl das Feuer fast heruntergebrannt war. Zusammen holten die beiden das fertige Brot mit dem Holzschieber heraus und schoben die letzten Brote hinein. Danach legten sie noch Feuerholz nach.

»Was machen wir jetzt mit den vielen Broten?«, wollte Hanna wissen. »So viel ist es gar nicht«, antwortete Maria. Wir backen nur einmal in der Woche und es muss viele Menschen sättigen. Du wirst schon sehen, wo es bleibt«, grinste Maria.

Hanna sah das duftende Brot mit leuchtenden Augen an, bestimmt war es furchtbar lecker.

»Möchtest du mal probieren?«, fragte Maria sie.

»Oh ja«, freute sich Hanna, »wenn ich darf?«

Maria nahm ein Brot mit spitzen Fingern und brach eine

Ecke ab. Ein Stück gab sie Hanna, das andere steckte sie sich selber in den Mund. Das Brot war noch sehr heiß und sie mussten aufpassen, dass sie sich nicht daran verbrannten. Hanna fing langsam an zu kauen und murmelte: »Meine Güte, ist das lecker!«

»Ja, oder? Es ist ein altes Rezept aus dem Kloster Marienthron«, schmatzte Maria. »Es stammt noch aus der Zeit, als die Frau Lutherin dort im Kloster war. Die Nonnen hatten nach diesem Rezept ihr Brot gebacken und unsere Herrin hat es mitgebracht. So wie auch einiges andere. Sie weiß und kann so viel.«

Maria war von diesem ganzen Wissen ihrer Hausherrin sichtlich angetan. Hanna staunte über den vollen Geschmack des Brotes und überlegte, wann sie das letzte Mal ein so leckeres Brot gegessen hatte oder ob überhaupt. Ihr fiel keine Gelegenheit ein. Mit Genuss schob sie sich das letzte Stückchen Brot in den Mund. »Und wir haben dieses leckere Brot selbst und eigenhändig gebacken«, nuschelte Hanna stolz. Maria schaute sie irritiert an: »Das ist doch nichts Besonderes.«

»Für mich ist es etwas Besonderes. Das habe ich noch nie gemacht.« Jetzt schüttelte Maria ihren Kopf. »Mir schwirrt der Kopf bei dem, was du erzählst. Komm, wir bringen das fertige Brot in die Küche.«

Maria hob das Brot in zwei große Bastkörbe und drückte einen davon Hanna in die Hand. Das Feuer brannte wieder gut, und so verließen die beiden das Backhaus. Auf dem Weg in die Küche schaute Hanna sich im ehemaligen Klostergebäude aufmerksam um. Sie kamen auch an einigen

Männern mit Büchern unter dem Arm vorbei. Ganz offensichtlich die Studenten.

Über dem schmalen Gang zur Küche erhob sich ein Deckengewölbe. Alles war weiß gestrichen und wirkte sehr hell und freundlich. Trotz der Wärme draußen, war es hier drinnen angenehm kühl. In der Küche herrschte immer noch reges Treiben. Die Luft war erfüllt von Essengerüchen. Es roch ganz anders als bei Hanna zu Hause, intensiv nach Kräutern und Gewürzen. Sofort fing Hannas Magen an zu knurren, dabei hatte sie gerade erst das Stückchen Brot gegessen.

KAPITEL 8

IN DEN ELBGÄRTEN

Bevor Hanna fragen konnte, ob es jetzt auch mal eine Pause gab, kam die Köchin zur Tür herein und sagte zu ihnen: »So ihr zwei, ihr könnt jetzt draußen vor den Elbwiesen das Gemüse ernten. Wir brauchen noch mehr Blumenkohl, Möhren und etwas von den Kräutern. Das Brot holt Pauline aus dem Ofen.

Maria seufzte auf. »Ich wusste es. Das wird eine längere Angelegenheit. Der Garten ist fast eine halbe Stunde von hier entfernt und liegt direkt vor der Elbe. Wir werden einen Handkarren mitnehmen müssen.«

»Macht ihr denn hier gar keine Pausen? Arbeitet ihr den ganzen Tag durch?«, fragte Hanna verwundert. »Es ist doch bald Mittagszeit.«

»Doch, wir machen eine kurze Mittagspause und essen etwas. Das wird für uns heute aber leider ausfallen, da wir in die Elbwiesen müssen.« Als sie Hannas erschrockenes Gesicht sah, beeilte sie sich zu sagen: »Kein Problem, wenn du Hunger hast, isst du einfach eine Möhre oder auch einen Apfel. So mache ich es auch immer.«

Obst und Gemüse? Das waren nicht gerade Hannas Lieblingsspeisen, deshalb verzog sie das Gesicht. Als Maria das sah, brach sie schnell die Hälfte eines Brotes ab und stopfte es sich unter das Kleid. Sie sah Hanna verschwörerisch an. Schnell machten sich die beiden auf den Weg. Die Köchin rief ihnen noch hinterher, dass sie Suppe für sie auf dem Herd lassen würde. ›Na, jedenfalls etwas‹, dachte Hanna erleichtert. Doch, obwohl sie erschöpft war und eine Pause wirklich nötig gehabt hätte, freute sich sich auch darauf, etwas von Wittenberg und der Landschaft zu sehen. Im Hof ging Maria zielstrebig zu einem Holzverschlag und holte einen Handkarren hervor. Darauf standen viele unterschiedlich große Körbe. Mittlerweile war es fast Mittag und Hanna war seit vier Uhr in der Frühe auf. Gähnend ergriff sie mit einer Hand die eine Seite der Deichsel des Karrens. Maria zog an der anderen Seite.

»Du musst wirklich hart arbeiten, Maria. Ich bewundere dich, wie du das alles schaffst.«

Maria wurde leicht rot im Gesicht und sagte: »Das Arbeiten macht mir Spaß, hier im Schwarzen Kloster ist es gut für mich. Ich bekomme gutes Essen und die Menschen sind sehr nett. Es ist anders, als früher.«

Hanna stutzte. »Als früher? Wie meinst du das? Bist du denn nicht schon immer hier gewesen?«

»Nein, ich wurde in Dabrun geboren. Meine Eltern waren Bauern gewesen. Früher einmal hatte unsere Familie einen großen Hof mit viel Land und Vieh gehabt. Doch dann kam die Pest, und mein Vater starb. Der Hof fiel an meinen Onkel. Er jagte meine Mutter und uns fort.«

»Das gibt es doch nicht!«, empörte sich Hanna. »Wieso hat deine Mutter den Hof nicht geerbt?«

»Frauen können doch kein Erbe antreten oder einen Besitz haben! So ging alles an meinen Onkel.«

Hanna fand das furchtbar und fragte: »Wieso hat er deine Mutter und euch Kinder nicht versorgt?«

»Er hat selber Frau und Kinder und außerdem ist er sehr geizig.«

»Wie ging es dann mit euch weiter? Was ist dann passiert?«, fragte Hanna bestürzt.

»Wir sind bei der Schwester meiner Mutter untergekommen, doch es war kein rechtes Leben für uns. Eingezwängt in einem kleinen Haus, das mehr Stall, als ein Heim war. Meine Mutter ist das Jahr darauf gestorben, und meine Geschwister und ich haben uns eine Arbeit gesucht. Wir waren alle noch sehr jung, aber irgendwie haben wir es geschafft.«

Hanna griff mitfühlend nach Marias Arm und sagte: »Das tut mir sehr leid, Maria. Wie alt bist du denn jetzt eigentlich?«

Maria schüttelte sich, als würde sie die trüben Erinnerungen an früher abwerfen und sagte: »Diesen Sommer werde ich 15 Jahre alt.«

Hanna schluckte, Maria war erst 14 Jahre alt und musste schon so hart arbeiten. »Ich bin 13, habe aber im Herbst Geburtstag«, sagte sie.

In diesem Moment kam ihnen ein Pferdefuhrwerk entgegen und sie mussten fast bis in den Straßengraben ausweichen, damit sie nicht überrollt wurden. »Meine Güte, sind die immer so schnell unterwegs. Der Kutscher hat ja nicht mal einen Zentimeter Platz gemacht«, erboste sich Hanna.

»Manchmal ist es wirklich schlimm, kleine Kinder müssen auf der Straße immer sehr aufpassen.« ›Dann hat sich in dieser Hinsicht ja nichts geändert‹, dachte Hanna verärgert. Mittlerweile waren sie schon ein gutes Stück auf der staubigen Ortsstraße von Wittenberg gegangen. Hanna staunte über die vielen Menschen, die hier unterwegs waren, über Hühner, die trotz der Fuhrwerke und der Menschen, unbeteiligt im Straßengraben nach Körnern und Würmern pickten. Von weitem konnte sie die Doppeltürme einer großen Kirche sehen. Maria, die Hannas Blick gefolgt war, erklärte: »Das ist die St. Marienkirche. Vor einigen Jahren wurden, während des Bildersturmes, viele Bilder in der Kirche zerstört, doch mittlerweile ist es wieder fast so schön wie früher, sagt man.« Bildersturm … Bildersturm … was war das noch gleich … Hanna konnte sich nur dunkel erinnern.

»Wurden da nicht alle Bilder von den Heiligen und Jesus Christus zerstört, damit sich die Menschen kein Bildnis machen konnten?«, fragte sie deshalb zögernd.

»Das stimmt. Ausgelöst wurde der Bildersturm hier in Wittenberg von Andreas Bodenstein. Ohne Wissen von Dr. Martinus hatte er sein Traktat veröffentlicht, in welchem es hieß, dass alle Bilder abgenommen werden sollten. Daraufhin kam es zu dem Bildersturm.

Es sollte kein Geld mehr in neue Bildnisse fließen und die entfernten Bilder, Gemälde und Skulpturen wurden verkauft oder zerstört. Zum Glück hat Dr. Martinus Luther das zutiefst verurteilt und ihm bald Einhalt geboten. Trotzdem wurden viele kostbare Bilder zerstört, und es hat Jahre gedauert, alles wiederherzurichten.« Hanna war sprachlos und wunderte sich, wieviel Maria von dem Zeitgeschehen wusste, dabei konnte ihre Freundin ja nicht lesen. Sie schien sich alles Gehörte gut merken zu können.

Hanna schaute aufmerksam zur Kirche und konnte erkennen, dass die Türme jeweils mit einer Pyramide bekrönt waren. Es sah sehr schön aus. Maria lenkte den Karren in eine Abzweigung. Schon bald konnte Hanna das Wasser der Elbe zwischen den Bäumen glitzern sehen. Die Elbwiesen und auch der Garten des Schwarzen Klosters lagen in der Nähe des Flusses. Ein kleiner Damm schützte das angebaute Gemüse vor dem Hochwasser. Hanna blieb einen Moment stehen: »Wie schön das aussieht, der Garten mit seinem vielen Gemüse, mit den Kräutern und Blumen und im Hintergrund das leuchtende Blau der Elbe.«

»Ich komme auch immer gerne hierher, auch wenn der Weg weit ist«, erwiderte Maria, »die Luft ist so frisch und frei hier draußen. Den Garten hat die Frau Lutherin gekauft. Und nicht nur diesen, sie hat auch einen Garten mit einem Fischteich hier in der Nähe und dann noch ein ganzes Hofgut. Dr. Martinus hat ihrem Bruder das Gut abgekauft, es war der Hof ihrer Eltern. Sie hat ein gutes Gespür für das Land und Dr. Martinus überlässt es ihr, die Kaufverträge auszuhandeln. Nur unterschreiben muss er sie noch.«

Hanna hörte, wie stolz Maria auf ihre Hausherrin war. »Für mich hört es sich so an, als wenn Katharina von Bora alles leiten würde. Den Haushalt, die Beschäftigten, die Gärten, den Landkauf, sogar Bier braut sie.«

»Nicht zu vergessen, die Siechenkunde und die Pflege der Kranken«, fügte Maria hinzu.

»Es ist wirklich unglaublich, was diese Frau leistet«, staunte Hanna.

Maria nickte: »Auf diese Weise kann Dr. Martinus sich um seine Reformationsgedanken kümmern. Es gibt immer wieder Texte zu übersetzen oder auch Streitigkeiten zu schlichten.

Er hat einfach unglaublich viel zu tun. Oft ist er wochenlang unterwegs. Da ist es gut, dass er sich auf seine Frau verlassen und stützen kann. Sie ist wirklich sehr tatkräftig und auch sehr mutig. Viele Frauen trauen sich so etwas gar nicht zu.«

Maria stellte den Handkarren ab und holte die Körbe herunter. »Komm, je eher wir anfangen, desto schneller sind wir zurück und können die leckere Suppe essen.«

Hanna hatte von Gartenarbeit überhaupt keine Ahnung und wusste nicht, was von ihr erwartet wurde. Doch Maria zeigte ihr mit viel Geduld, wie sie die Mohrrüben vorsichtig aus der Erde holte und den Blumenkohl erntete. Als sie die Kräuter mit einer kleinen Sichel abschnitten, durchzog ein aromatischer Duft die Luft.

»Das hier ist Thymian, den brauchen wir später für das Fleisch. Es gibt ihm einen herzhaften Geschmack«, erklärte Maria. Auch die anderen Kräuter und ihre Geschmacksrichtungen erklärte sie Hanna mit Ausdauer. Bald schwirrte ihr der Kopf und sie setzte sich auf einen großen Feldstein, der von der Sonne angewärmt auf dem Boden lag. Maria zog noch einige Mohrrüben aus dem sandigen Boden, schüttelte sie vorsichtig und gesellte sich dann zu Hanna. Sie streckte ihren Rücken und räkelte sich wie eine Katze.

»Lass uns etwas essen, ich habe nämlich einen Bärenhunger. Hier! Dein Stück Brot.«

»Das Brot schmeckt einfach unglaublich«, seufzte Hanna, als sie alles aufgegessen hatte. Maria lachte. »Möchtest du lieber einen Apfel oder eine Mohrrübe als Nachttisch haben?«

Hanna schaute sie an und fragte: »Wo bekommen wir denn hier einen Apfel her?« »Na, da vorne, von den Apfelbäumen. Schau mal, der hängt ganz voll.«

Tatsächlich, der Baum war Hanna vorhin gar nicht aufgefallen. Lauter rot leuchtende Äpfel hingen daran. Die Mädchen standen auf und gingen zu dem Baum hinüber. Das Gras der Obstbaumwiese war kurzgehalten und Hanna fragte: »Wie wird das Gras eigentlich gemäht?«

»Na, mit der Sense.«

Hanna schoss durch den Kopf, dass es bestimmt viel Arbeit gewesen sein musste, alles mit einer Sense kurz zu halten. Der Geruch von Heu stieg ihr in die Nase und sie erinnerte sich an einen Urlaub mit ihren Eltern an der Nordsee. Dort wurde damals auch gerade Heu gemacht. Wieder ein kleiner Stich in ihr Herz. Was ihre Eltern wohl gerade machten?

Maria war unterdessen schon auf den untersten Ast des Apfelbaumes geklettert und holte mit einer Hand zwei Äpfel herunter, während sie sich mit der anderen am Stamm festhielt. Sie wackelte leicht hin und her.

»Pass auf, dass du nicht herunterfällst«, rief Hanna erschrocken.

»Keine Angst, das mache ich öfter.« Mit einem großen Sprung war Maria schon wieder auf festem Boden gelandet und grinste Hanna breit an: »Und jetzt du.«

»Ich? … Also ich weiß nicht … Na gut, ich probiere es mal.« Hanna war schon lange nicht mehr auf einen Baum geklettert. Etwas unsicher zog sie sich auf den ersten Ast und streckte ihren Arm nach einem Apfel aus.

»Ich komme nicht dran, er ist zu weit weg.«

»Du musst einen Ast höher klettern, von dort schaffst du es sicher.« Hanna hangelte sich weiter hoch. Sie traute sich nicht, nach unten zu schauen. Vorsichtig angelte sie mit der linken Hand nach einem Apfel.

»Ich hab ihn!«, rief sie Maria zu.

»Lass ihn einfach ins Gras fallen, dann kannst du noch mehr holen«, lachte Maria. Mutig geworden, kletterte Hanna auf den nächst höheren Ast und erntete viele Äpfel. Doch der Ast war nicht so dick und stabil wie die unteren. Hanna schaukelte leicht hin und her und dann vernahm sie ein deutliches Knacken. ›Upps‹, dachte sie noch, als der Ast auch schon mit einem lauten Knall brach und Hanna nach unten segelte. Sie versuchte sich irgendwo am Baum festzuhalten und schrappte dabei schmerzhaft mit dem linken Arm an der Rinde entlang. Mit einem kleinen Aufschrei landete sie im Gras. Maria rannte sofort zu ihr und fragte: »Bist du verletzt?«

Hanna stand auf und klopfte sich das Gras vom Kleid.

»Nein, ich glaube nicht. Es geht mir gut.«

»Dein Arm blutet!« Maria deutete auf einen tiefen Kratzer oberhalb von Hannas Handgelenk.

»Oh«, entfuhr es Hanna, »das brennt!«

»Los, setz dich wieder auf den Stein da vorne, ich hole in der Zeit etwas, um die Blutung zu stillen«, sagte Maria bestimmt. Hanna überlegte, was Maria wohl damit meinte. Zu Hause holte ihre Mutter in solchen Fällen immer ein Pflaster und manchmal auch eine Jodsalbe. Aber hier? Was sollte es hier denn geben? Hanna setzte sich auf den Stein und hielt den Arm von sich weg, damit ihr Kleid sauber blieb, denn das Blut tropfte munter aus der Wunde. Sie sah, wie Maria sich in einem der Kräuterbeete bückte und einige Pflanzen zupfte. Danach drehte sie sich um und kam zu Hanna zurück. Dabei zerrieb sie die Pflanzen vorsichtig zwischen ihren Händen.

»Was machst du da?«, fragte Hanna sie neugierig.

»Das ist Hirtentäschelkraut«, erklärte Maria, »ich zerreibe die Blätter, damit der Saft austritt. Er wird die Blutung schnell stillen.« Vorsichtig gab Maria etwas von dem grünen Pflanzensaft auf Hannas Wunde. Es tat gar nicht weh. Staunend beobachtete Hanna, wie das Bluten langsam aufhörte.

»Unglaublich, was du alles weißt«, sagte sie dann.

Maria strahlte: »Das habe ich von der Frau Lutherin gelernt. Sie hat sehr viel Ahnung von den Heilkräutern. Wenn wir eine Verletzung haben oder krank sind, gehen wir immer zu ihr.«

›Was kann diese Frau eigentlich nicht?‹, wunderte sich Hanna.

»Komm Hanna, wir haben reichlich geerntet und Äpfel haben wir auch genug. Außerdem muss deine Wunde richtig versorgt werden. Sie luden die Äpfel in einen Korb, packten die restlichen Körbe auf den Handkarren und zogen los. Hannas Wunde pochte leicht, doch es war gut auszuhalten. Beim Gehen aßen sie von den leckeren Äpfeln.

›Garantiert ungespritzt‹, dachte Hanna schmunzelnd. Trotz des Brotes und der Äpfel fing ihr Magen an zu knurren, und sie freute sich schon auf die leckere Suppe im Schwarzen Kloster. Die Sonne stand mittlerweile hoch am Himmel und es war sehr warm geworden. »Irgendwie kam mir der Hinweg nicht so weit vor, ich komme mir vor wie ein Zugpferd«, ächzte Hanna.

»Das geht mir auch immer so. Der Karren ist ja nun auch viel schwerer«, antworte Maria. Es war nicht mehr so viel Betrieb auf der Straße. Die meisten Leute waren zu Hause und hielten ein kurzes Nickerchen nach dem Essen. Bei der Hitze tummelten sich auch die kleinen Kinder nicht auf den Wiesen und Wegen herum, sondern blieben in den kühleren Höfen oder im Schatten großer Bäume. Endlich kam das Schwarze Kloster in Sicht. »Hey, die Elbe fließt ja auch sehr nah am Schwarzen Kloster vorbei. Das habe ich vorhin gar nicht gesehen.« Hanna war begeistert, das kühle Nass so nah vor der Haustür zu haben. »Vielleicht können wir ja später noch schwimmen gehen«, überlegte sie.

»Schwimmen? Kannst du das etwa?«, fragte Maria erstaunt.

»Ja sicher, du etwa nicht?« Mittlerweile wunderte es Hanna nicht mehr, dass Maria so viel nicht konnte, was sie für selbstverständlich hielt. Dafür konnte Maria eine ganze Menge anderer Dinge, die für Hanna fremd waren.

»Nein! Und ich kenne auch keinen, der es kann«, meinte

Maria, außer vielleicht den jungen Sohn des Hufschmiedes. Der ist immer so forsch, dem würde ich es zutrauen.«

Maria sah Hanna fragend an. »Wie fühlt es sich denn an, macht es Spaß?«

»Ja, riesigen Spaß, vor allem, wenn es so heiß ist wie heute. Weiß du was, ich bringe es dir einfach bei. Das lernst du ganz schnell.«

Marias Augen fingen an zu leuchten. »Meinst du wirklich?«

»Ja klar, nach getaner Arbeit gehen wir zum Fluss«, sagte Hanna bestimmt. Sie dachte daran, wie sie selbst Schwimmen gelernt hatte, wie sie im Wasser mit dem Bauch auf den Händen ihres Onkels gelegen und die Bewegungen geübt hatte. Das war leicht. Maria würde es schnell lernen.

KAPITEL 9

RETTUNG IN LETZTER SEKUNDE

Maria blickte aufgeregt zum Fluss. Sie freute sich schon darauf. Plötzlich war jedoch lautes Gebell aus dieser Richtung zu hören. Maria stutzte: »Das klingt ja wie Tölpel!«

»Wie wer?«, fragte Hanna.

»Wie unser Hund«, rief Maria, ich bin ganz sicher, dass er es ist.« Richtig, der Hund! Den hatte Hanna ganz vergessen.

»Der klingt aber ziemlich wütend«, stellte Hanna fest.

»Nein, nicht wütend«, meinte Maria, »eher aufgeregt. Er ist außer sich. Aber warum bloß? Komm, wir müssen nachschauen. Es sieht Tölpel nicht ähnlich, so einen Radau zu machen, außerdem läuft er normalerweise nicht so weit von zu Hause weg. Jedenfalls nicht alleine.«

Marias Stimme wurde hektisch und eine merkwürdige Unruhe breitete sich in Hanna aus.

»Meinst du, es ist etwas passiert?«

»Ich weiß es nicht. Komm mit, wir laufen hin.«

Beide Mädchen nahmen ihre Röcke in die Hand und liefen, so schnell sie konnten, in Richtung des Gebells. Es war wirklich Tölpel, den sie schon bald hektisch im Uferbereich der Elbe umherlaufen sahen. Es war keine Menschenseele zu sehen und Hanna fragte sich, warum sich der Hund so aufregte. Als er sie erblickte, sprang er ins Wasser und hielt auf die Flussmitte zu.

»Was macht er denn bloß?«, fragte Maria ganz atemlos. Hanna schaute auf und ab, konnte aber nichts Außergewöhnliches sehen. Doch plötzlich blieb ihr Blick an etwas in der Flussmitte hängen. Ihr stockte der Atem. Ein brauner Haarschopf tauchte auf und zwei Arme dazu.

»Maria! Es ist Magdalene, sie ist im tiefen Wasser, sie ertrinkt.«

Schon tauchte das Kind wieder unter, und ihr Kopf war nicht mehr zu sehen. Tölpel hatte sie erreicht, packte sie mit seinem Maul am Arm und zog an ihr, doch das Mädchen war zu schwer mit ihren nassen Kleidern. Der Hund ließ Magdalenes Arm nicht los, doch ihr Kopf tauchte immer wieder unter Wasser und er würde sie allein nicht ans Ufer bringen können. Die Mädchen waren am Ufer angekommen und Hanna überlegte nicht lange. Sie zog sich das Kleid über den Kopf und sprang im Untergewand mit einem großen Hechtsprung ins Wasser. Sie kraulte los. Bald schon hatte sie Kind und Hund erreicht. Tölpel hechelte aufgeregt und strampelte sich ab. Magdalene hatte die Augen geschlossen.

»Oh bitte, bitte, Magdalene. Nein!«, flüsterte Hanna. Sie packte das Kind im Rettungsgriff, hielt ihr kleines Köpfchen über Wasser und schwamm rückwärts mit ihr zum Ufer zurück. Auch jetzt ließ der Hund das Kind nicht los, sondern schwamm mit dem Kinderarm im Maul neben Hanna her.

Schnaufend kamen sie bei Maria an. Sie waren nur wenig abgetrieben worden. Maria half Hanna, Magdalene aus dem Wasser zu ziehen. Der Hund ließ Magdalenes Arm los und japste. Aufgeregt sprang er um die Mädchen herum. Hanna drehte das Mädchen auf den Rücken und legte ihren Kopf auf die Brust des Kindes.

»Sie lebt, Maria! Wir haben es geschafft. Ihr Herz schlägt.« Maria weinte vor Freude und rieb Magdalenes Wangen. Hanna drehte ihren Kopf zur Seite. Langsam kam das Kind wieder zu sich und spuckte eine Unmenge Wasser aus. Bleich und zitternd lag sie auf dem Boden und schaute nach oben. Hanna und Maria waren über sie gebeugt. Tölpel schleckte ihr immer wieder über die Wangen. Über Magdalenes kleines Gesichtchen flatterte ein schwaches Lächeln.

»Tölpel, mein großer Held. Immer kann ich mich auf dich verlassen.« Maria nahm das Kind in den Arm und schaukelte es hin und her. Immer wieder strich sie ihm über die nassen Haare. Hanna hatte sich ins Gras gelegt und ließ ihr Untergewand trocknen. Sie war einfach nur froh, dass sie rechtzeitig zur Stelle gewesen waren, um Magdalene zu retten. Nicht auszudenken, wenn sie auch nur fünf Minuten später gekommen wären. Tölpel war tatsächlich ein Schutzengelhund.

Ein lautes Rufen kam aus Richtung des Schwarzen Klosters: »Magdalene, Magdalene!« Hanna schaute hoch, sprang auf die Füße und streifte sich das Kleid wieder über, obwohl sie noch nicht ganz trocken war.

»Wir sind hier«, rief Maria laut. Völlig außer Atem, kam Katharina von Bora bei den Mädchen an.

»Lenchen, was machst du denn für Sachen?« Sie nahm Maria das Kind aus den Armen und drückte es fest an sich. Dann erklärte sie: »Das Kind der Nachbarn hat gesehen, wie Lenchen im Fluss trieb. Sie ist gekommen, um mich zu holen!« Dann wandte sie sich ihrer Tochter zu: »Magdalene, wie ist das denn passiert? Sophie hat erzählt, dass du mitten auf der Elbe getrieben bist. Du weißt doch, dass du nur in den flachen Auen in das Wasser darfst. Und auf keinen Fall alleine. Was hast du dir nur dabei gedacht?«

Magdalenes Wangen hatten wieder einen rosigen Farbton angenommen. Sie schaute hoch zu ihrer Mutter: »Ach liebste Mutter, ich wollte doch nur mein Holzschiffchen zurückholen, es war abgetrieben worden. Tölpel hat die ganze Zeit gebellt und ist zu mir rausgeschwommen, als er merkte, dass ich in tieferes Wasser kam. Gerettet aber hat mich Hanna.«

Katharina von Bora schaute Hanna aufmerksam und erstaunt zugleich an. In diesem Blick lag alle Dankbarkeit der Welt.

»Hanna, du hast das Liebste gerettet, was wir besitzen. Wie kann ich dir jemals dafür danken?«

Sie blickte zu Maria hinüber: »Auch dir, liebe Maria, mein herzlichstes Dankeschön!« Tölpel kam noch näher heran und stupste Katharina an. »Ja, dir auch ein großes Dankeschön. Du bist unser gesegneter Wachhund. Du bekommst nachher etwas Gutes aus der Küche. Da werde ich schon etwas finden.« Dann stand sie entschlossen auf, klopfte sich einige Grashalme von ihrem Rock und hob ihre Tochter hoch. »Wir gehen alle zurück. Ich danke dem Herrn, für seine Güte, so tapfere Mädchen geschickt zu haben.«

Dabei fiel ihr Blick auf die Wunde an Hannas Arm. »Wie ist das passiert?«, fragte sie. Maria erklärte ihr, wie Hanna vom Apfelbaum gestürzt war. Nach einer intensiven Betrachtung der Wunde sagte Katharina erstaunt: »Das hast du schon gut versorgt, Maria, ich sehe, du hörst aufmerksam zu. Später rufe ich euch. Die Wunde muss gesäubert und behandelt werden. Von dem Wasser der Elbe kann sie sich entzünden. Das wollen wir nicht riskieren.«

»Ja, Frau Lutherin«, antwortete Maria folgsam. Die beiden Mädchen holten den Handkarren und folgten Mutter und Kind. Die Köchin kam ihnen schon im Hof entgegen.

»Um Gottes Willen, Magdalene. Ist alles in Ordnung mit ihr?«

»Alles ist gut, das haben wir den beiden großen Mädchen hier und unserem lieben Tölpel zu verdanken. Ohne sie, wäre Lenchen verloren gewesen. Dankt dem Herrn, so wie ich es tue.«

Heftig drückte Katharina ihr Kind an die Brust und ging mit ihm in ihre privaten Räume, um Magdalene trockene Sachen anzuziehen und wahrscheinlich auch, um ihrem Mann von diesem Erlebnis zu berichten.

KAPITEL 10

KATHARINA, DIE HEILKUNDIGE

Hanna folgte Maria in die Schlafkammer der Küchenmädchen. Sie hatte Beine aus Pudding und hätte sich am liebsten erstmal ins Bett geworfen. Doch Maria bestand darauf, dass sie sich zuerst umzog, damit keine Erkältung drohte. Hanna bekam ein schönes lindgrünes Kleid aus einem leichten Wollstoff. Ihre nassen Sachen wollte Maria später im Hof aufhängen. Hanna schaute an sich herunter und wunderte sich, wie schnell sie sich daran gewöhnt hatte, statt ihrer geliebten Skinny Jeans, Kleider zu tragen. Sie hatte in diesem Gewand viel mehr Beinfreiheit, einfach mehr Luft auf der Haut. Das fühlte sich schön an. Hanna setzte sich erschöpft auf das Bett. Maria kam mit einer Bürste aus Wildschweinborsten zu ihr und kämmte Hannas langes, goldenes Haar. Mit geübten Strichen, löste sie vereinzelte Knoten auf. Schon bald glänzte das Haar ihrer Freundin wie fließendes Gold. Mit geschickten Händen, flocht Maria ihr einen einfachen Zopf.

»Was für schöne Haare du hast, wie sie leuchten in der Sonne.«

Hanna schaute Maria aufmerksam an: »Deine Haare sind auch schön, sie glänzen wie Ebenholz.«

Maria sah sie erstaunt an und erwiderte: »Das hat noch niemand zu mir gesagt.«

Beide Mädchen lächelten sich an, es war ein sehr vertrauter Moment, dafür, dass sie sich erst so kurze Zeit kannten. Es war erstaunlich, wie sehr Hanna sprachlich schon in die Zeit von Maria eingetaucht war. Sie benutzte die Worte cool, toll und viele andere nicht mehr. Doch dass fiel ihr gar nicht auf, so selbstverständlich lebte sie mit Maria im Schwarzen Kloster. Marias Magen knurrte auf einmal heftig und sie lachte: »Komm Hanna, wir gehen in die Küche, wir haben uns den Teller Suppe redlich verdient.«

Die Aussicht auf Essen, gab Hanna wieder neuen Schwung und voller Vorfreude folgte sie Maria in die Küche. Tatsächlich hatte die Köchin Wort gehalten, und ein Topf Suppe hing noch über dem Holzofen. Er war an einer Kette hochgezogen, damit der Inhalt des Topfes nicht auf dem direkten Feuer anbrannte. Sogar zwei Teller, Löffel und ein großes Stück Brot standen auf dem Tisch. Maria holte den Topf, stellte ihn auf den Tisch und schöpfte mit einer großen Holzkelle daraus die dampfende Suppe auf die Teller. Hanna schnupperte.

»Hmm, das riecht aber lecker.«

»Kochen kann unsere Köchin wirklich gut«, erwiderte Maria, »das ist eine gute Suppe mit Bohnen, Blumenkohl und etwas Fleisch.«

Während die Mädchen mit großem Appetit aßen, kam die Köchin herein. Sie setzte sich zu ihnen und staunte: »Was ich da über euch gehört habe, ist ja unglaublich. Wenn ihr nicht zur Stelle gewesen wäret, weiß Gott, was dann passiert wäre. Nicht auszudenken! Dr. Martinus Luther war außer sich, als er gehört hat, was sich zugetragen hat. Er und die Frau Lutherin sind euch sehr dankbar. Wenn ihr mit dem Essen fertig seid, dann sollt ihr in die Badestube kommen. Die Frau Lutherin möchte die Wunde an deinem Arm versorgen.«

Die Köchin schaute Hanna bewundernd an. Hanna war das etwas unangenehm, denn für sie war es eine Selbstverständlichkeit gewesen, dem Kind zu helfen. Außerdem musste sich ihr DLRG-Wissen und Training ja mal als nützlich erweisen. Zuhause trainierte sie zweimal in der Woche im Schwimmbecken, im Sommer im Freibad und im Winter im Hallenbad. Als die Köchin sich an den anderen Töpfen zu schaffen machte, raunte Maria ihr zu: »In der privaten Badestube von Martin Luther ist noch nie jemand von uns gewesen. Das ist etwas ganz Besonderes, Hanna.«

Jetzt fühlte sich Hanna noch unwohler und sie war gespannt, was auf sie zukommen würde. Maria und Hanna wuschen ihre Teller und Löffel im Spülstein ab und stellten alles zum Trocknen auf. Danach machten sie sich auf den Weg. Sie gingen durch lange Flure und kleinere Räume, dabei begegneten sie wieder einigen Bewohnern oder auch Besuchern des Schwarzen Klosters. Schließlich stiegen sie eine imposante Holztreppe hoch, in den zweiten Stock. Hier war alles noch heller als unten. Viele kleine Fenster erleuchteten die Flure. Die Wände waren weiß gekalkt und reflektierten das Sonnenlicht.

»Wie freundlich und hell dieses Haus hier ist«, wunderte sich Hanna nicht zum ersten Mal. Ihre Stimme hallte leicht und wurde von den hohen Decken zurückgeworfen.

»Es war aber auch viel Arbeit. Als die Frau Lutherin hier eingezogen ist, war alles ganz anders, nicht so sauber. Im Gegenteil. Sie soll als erstes den alten Strohsack, den Dr. Martinus zum Schlafen benutzte, fortgeworfen haben. Sie hat Leute eingestellt, die die Räume ausbesserten und Wände herausgerissen haben. Das war hier früher ein echtes Kloster, mit vielen kleinen Zellen für die Mönche. Es gab nur kleine Fenster. Außerdem stand das Gebäude schon einige Jahre leer, als es das Zuhause von Dr. Martinus Luther und Katharina von Bora wurde. Die letzten Mönche waren schon lange ausgezogen. Nur Dr. Martinus hatte hier mit einem Diener gelebt. Wenn du mich fragst, mehr schlecht als recht. Es ist gut, dass er eine so tüchtige Frau geheiratet hat.«

Hanna schaute sich um. »Das alles kann ich mir kaum noch vorstellen. Es ist einfach sehr schön geworden.«

Maria lächelte und sagte: »Deshalb wohne und arbeite ich hier auch so gerne, denn die Frau Lutherin legt auch im Haus großen Wert auf Sauberkeit und Licht in allen Räumen. Sie sagt immer, dass so die Krankheiten nicht zu uns ins Haus kommen können. Hanna überlegte und dachte laut nach: »Wie war das denn mit der Pest, hat die hier auch keinen Einzug gehalten?«

»Nein, wir haben zwar viele Menschen gepflegt, die krank zu uns gekommen sind, aber wir haben uns nicht angesteckt. So ist es mir jedenfalls gesagt worden, denn bei der großen Pest von 1527 war ich noch nicht hier. Bei diesem Pestzug ist mein Vater daheim gestorben. Es war ein Wunder, dass Mutter und ich uns nicht auch angesteckt haben. Wir wussten damals nichts von den Heilkünsten im Schwarzen Kloster.« Sie machte eine kurze Pause.

»Gibt es bei euch noch die Pest?«, fragte Maria dann neugierig.

»Nein, die gibt es praktisch nicht mehr.«

»Das ist schön«, seufzte Maria leise. »Aber seit ich hier arbeite, habe ich auch die furchtbare Angst davor verloren, dank der Frau Lutherin.« Hanna war immer wieder erstaunt, mit welcher Inbrunst Maria von ihrer Dienstherrin und ihrem Mann sprach.

»Es ist, als ob ich hier sicher in der Geborgenheit von Dr. Martinus und der Lutherin leben kann und Gott hält seine Hände über uns«, fuhr Maria fort. »Weißt du, es ist sehr bedeutend, was Dr. Martinus schreibt und lehrt. Er hat ja, wie du weißt, sogar die Bibel ins Deutsche übersetzt, sodass der Text für die einfachen Leute verständlich ist.

Aus Hanna schoss es heraus: »Genau diese Lutherbibel gibt es immer noch. Gerade jetzt ist bei uns im Jahr 2017 eine neue Ausgabe der Lutherbibel erschienen. Diese Ausgabe ist sehr schön und vorne ist die Lutherrose abgebildet.«

Sie waren nun fast an der Badestube angelangt und Maria flüsterte noch schnell: »Die Lutherrose benutzt Dr. Martinus als Briefsiegel. Ich habe sie schon öfter auf seinen Briefen gesehen, wenn ich der Frau Lutherin einen Brief von ihm gebracht habe.«

Maria klopfte leise an die Zimmertür. Von innen war ein Plätschern zu hören und eine Frauenstimme sagte: »Kommt rein.«

Zaghaft öffnete Maria die Tür und trat zuerst ein, Hanna folgte ihr bedachtsam. Die Badestube war ein heller und luftiger Ort. Es duftete nach Kräutern und Ölen. Ein großer Holzzuber stand in der Mitte auf einem Sockel. Hanna vermutete, dass dies eine Art Badewanne war. An der Seite stand eine Holzkommode. Auf ihr standen zwei kleinere Holzzuber. Der einzige Unterschied zu Hannas Badezimmer zu Hause war die fehlende Toilette. Sonst war alles da. Was für ein großer Unterschied zu der einfachen Badekammer der Küchenmädchen.

Katharina stand neben einem der Zuber und rührte mit einem Holzstab in einer öligen Flüssigkeit.

»Schön, dass ihr da seid. Komm hierher Hanna.«

Katharina winkte sie zu sich. Hanna ging folgsam zu ihr.

»Zeig mal her.«

Mit sanften Fingern hielt sie Hannas Handgelenk und drehte den Arm hin und her.

»Wie ich gedacht habe«, sagte sie ruhig, »eine tiefe Schürfung, aber nicht weiter dramatisch. Es wird sicher nur eine kleine Narbe zurückbleiben, die im Laufe der Zeit verblassen wird.«

Katharina tauchte Hannas Arm in den Zuber und holte einen kleinen Schwamm hervor. Hanna bemerkte, dass es ein Naturschwamm war, wie sie ihn auch daheim im Bad benutzten. Gab es die etwa auch schon im Mittelalter. Wurde damit schon Handel getrieben?

Die Hausherrin rieb die Wunde vorsichtig sauber. Hanna biss die Zähne zusammen. Es brannte wie Feuer.

»Ein tapferes Mädchen haben wir hier«, sagte Katharina. Nach der Säuberung holte sie sauberes Leinen, das schon bereitlag, und tupfte die Wunde trocken. Danach rieb sie eine streng riechende Salbe darauf und verband die Wunde mit einem dicken Leinenstoff.

»So, fertig, morgen kommst du wieder, dann machen wir dasselbe nochmal. In zwei Tagen kann die Wunde sicher schon offen bleiben. Die Salbe aus Calendula- und Kamillenblüten lässt alles gut heilen. Das Wollwachs wird dafür sorgen, dass die Wundkruste schön geschmeidig bleibt und nicht wieder aufreißt.«

Hanna staunte, wie sicher und gezielt Katharina sie behandelt hatte. Sie verstand wirklich viel von der Medizin, auch wenn es hier Siechenkunde hieß. Sie schien wirklich eine Menge im Zisterzienserkloster gelernt zu haben. Katharina räumte alle Sachen wieder an ihren Platz, während die Mädchen nicht so recht wussten, ob sie nun gehen konnten. Schweigend standen sie da und schauten der Hausherrin zu. Als sie fertig war, drehte sie sich um und musterte Hanna lange.

»Du hast Dr. Martinus und mir heute einen großen Dienst erwiesen. Mit Mut und Selbstlosigkeit hast du Magdalene das Leben gerettet. Wir sind dir unendlich dankbar dafür. Schwimmen zu können, scheint mir doch eine wichtige Fähigkeit zu sein.«

Nun schaute sie auch zu Maria hinüber. »Dr. Martinus und ich möchten, dass du Maria das Schwimmen beibringst, damit sie es den Kindern zeigen kann, wenn du wieder bei deinen Verwandten bist.«

Hanna hörte, wie Maria die Luft tief einsog. Sie wollte gerade etwas erwidern, aber Katharina war noch nicht fertig.

»Außerdem möchte sich Dr. Martinus bei euch beiden persönlich bedanken. Ihr dürft heute Abend am Doktorschmaus oben in der großen Halle teilnehmen. Ihr müsst nicht bedienen, sondern dürft mit an der großen Tafel sitzen.«

Hanna knickten fast die Knie ein, denn damit hatte sie nicht gerechnet. Persönlich an einem Doktorschmaus teilnehmen zu dürfen, die anderen Reformatoren zu sehen, das war etwas Unglaubliches. Maria strahlte über das ganze Gesicht. Sie wusste nicht, worüber sie sich mehr freuen sollte, über die offizielle Erlaubnis für ihren Schwimmunterricht oder über die Teilnahme am Doktorschmaus. Vor lauter Aufregung und Freude griff sie nach Hannas Hand. Katharina lächelte die beiden an und sagte: »Es ist noch lange nicht Abend, geht und beginnt mit eurem Schwimmunterricht. Seid aber achtsam, dass euch nichts passiert.«

Mit diesen Worten scheuchte sie die beiden Mädchen aus der Badestube.

»Hanna, der Verband schützt dich während des Schwimmens und die Salbe wird kein Wasser an die Wunde lassen, sei unbesorgt«, rief sie ihnen noch hinterher. An ihre Wunde hatte Hanna vor Freude gar nicht mehr gedacht und sie tat auch gar nicht mehr weh. Hand in Hand rannten die beiden Mädchen durch das Haus und über den Hof in Richtung Elbe. Der Sand stob auf und die Hühner liefen ihnen laut gackernd aus dem Weg. Tölpel lag mit einem riesigen Knochen in der Ecke und kaute genüsslich daran herum. Er blickte noch nicht einmal auf, als die Mädchen an ihm vorbeiliefen. Also hatte Katharina von Bora Wort gehalten und dem Hund etwas Leckeres als Dankeschön gegeben.

KAPITEL 11

WIE EIN FISCH IM WASSER

Die Sonne schien immer noch warm vom wolkenlosen Himmel. Als sie am Flussufer ankamen, fiel Hanna ein, dass sie sicher wieder im Untergewand würden schwimmen müssen. Es war nicht so lang wie das Kleid, störte aber dennoch ein wenig.

»Sag mal Maria, schwimmen die Kinder bei euch in besonderer Kleidung?«

Maria stutzte: »Wie meinst du das? Nein, die Jungen schwimmen nackt oder in Unterwäsche, aber das kommt für uns natürlich nicht in Frage.«

Das hatte Hanna befürchtet.

»Wir als Mädchen müssen auf jeden Fall das Untergewand anlassen.«

»Maria, es ist nicht so leicht, darin das Schwimmen zu lernen, aber gut … ich bin sicher, dass du es schaffst.« Sie suchten sich eine geschützte Stelle am Ufer.

Maria wurde angesichts des fließenden Wassers unsicher und sah ängstlich zu Hanna hin.

»Keine Angst, wir probieren es zuerst im flachen Wasser, wo du noch sicher stehen kannst.«

Sie streiften die Kleider ab. Maria atmete aus und ging langsam und vorsichtig in den Fluss hinein. Hanna musste lachen und sagte: »Maria, du siehst aus wie ein Storch, wenn du die Beine so hochhebst. Geh doch ganz normal hinein, dich wird schon kein Fisch beißen.«

Nun musste auch Maria kichern. Hanna versuchte, sich genauer zu erinnern, wie sie Schwimmen gelernt hatte. Ihr Onkel war Rettungsschwimmer und hatte ihr schon mit vier Jahren das Schwimmen beigebracht. ›Hmm, wie war das noch?‹, überlegte Hanna kurz. Laut sagte sie: »In Ordnung, jetzt weiß ich, wie wir es machen.«

Hanna ging so weit in den Fluss hinein, bis ihr das Wasser an die Oberschenkel reichte. Sie konnte ihre Zehen sehen, so klar war die Elbe an dieser Stelle. Sehr gut, so konnte sie genau sehen, wie Maria die Schwimmbewegungen machte. Maria kam an ihre Seite und schaute sie fragend an. »Maria, als erstes erkläre ich dir, was ich vorhabe. Du musst mir vertrauen, sonst klappt es nicht. Bitte, habe keine Angst und folge einfach meinen Anweisungen.«

Maria war sichtlich verängstigt und starrte in die Flussmitte.

»Sieh nur, du kannst hier gut stehen«, sagte Hanna, »schau nicht so weit voraus, sondern bleib mit deinen Augen hier bei mir. Hier kannst du dich jederzeit wieder hinstellen.«

Sie standen in einer Flussbiegung und die Strömung war an dieser Stelle kaum spürbar. Doch Hanna wusste durch das Erlebnis von vorhin auch, dass diese selbst in der Mitte des Flusses nicht stark war. Mit Sicherheit lag dies daran, dass Sommer war und die Elbe nicht viel Wasser führte. Maria entspannte sich. Nun konnten sie anfangen. Hanna hielt ihre Freundin mit beiden Armen unter dem Bauch fest, und Maria ließ sich vorsichtig ins Wasser gleiten. Sie musste sich, nur mit Hannas stützenden Händen, im Wasser treiben lassen. Sie sollte ein Gefühl für das Wasser bekommen.

»So«, sagte Hanna, »nun bewegst du deine Beine wie ein Frosch.« Zum Glück wusste Maria genau, was Hanna meinte und strampelte nicht wie wild drauflos.

»Ha, ich weiß wie das geht, das habe ich schon mal gesehen!« Tatsächlich, Maria stellte sich sehr geschickt an.

»Sehr schön«, lobte Hanna sie. »Stell dich bitte mal wieder hin, ich möchte dir die Armbewegungen zeigen.«

Hanna schwamm eine kleine Runde um Maria herum, sodass diese deutlich die Schwimmbewegungen sehen konnte. »Mach mal in der Luft diese Armbewegungen«, wies Hanna sie an. Maria schaute sich um, ob ihnen auch keiner zuschaute. Irgendwie war es ihr peinlich mit den Armen in der Luft zu rudern. Doch sie tat alles, was Hanna von ihr wollte. Zu groß war ihr Wunsch, Schwimmen zu können. Nach einer Weile durfte Maria sich wieder ins Wasser auf Hannas Hände legen. Hanna hielt sie fest.

»So, und nun machst du nur die Armbewegungen.« Hanna war begeistert, wie super das alles klappte.

»Und nun Arme und Beine zusammen.« Maria hatte am Anfang Schwierigkeiten, die Bewegungen gleichmäßig auszuführen, doch schon nach kurzer Zeit gelang es ihr immer besser. Hanna spürte, wie das Gewicht auf ihren Händen immer weniger wurde. Maria konnte sich mit ihren

Schwimmbewegungen bereits über Wasser halten. Hanna ging neben Maria her und hielt jetzt nur noch eine Hand unter Marias Bauch, aber dies war eigentlich schon nicht mehr nötig.

»Sehr schön Maria. Und nun lasse ich meine Hand los und du schwimmst alleine.«

Maria fing an zu japsen und zu zappeln. »Ganz ruhig, ich bleibe ja neben dir. Schwimme einfach weiter, nicht denken, nur fühlen. Werde eins mit dem Wasser.«

Wo kamen diese Worte denn her? Sie hatten sich plötzlich in Hannas Kopf gebildet, es waren die Worte ihres Onkels von damals, als sie selbst Schwimmen gelernt hatte. ›Das ist ja unglaublich, dass mir das jetzt wieder einfällt‹, dachte Hanna erstaunt.

Maria entspannte sich sichtlich. Hanna sprach mit so ruhiger Stimme und schien überzeugt von dem, was sie tat, dass Maria ihr ganz und gar vertraute.

»Gut machst du das«, feuerte Hanna sie an. Maria schwamm los, Hanna ging neben ihr und ganz allmählich zog sie die Hand fort. Und tatsächlich, mittlerweile schwamm Maria wie ein Fisch im Wasser, zwar nicht so elegant wie Hanna, aber sie kam gut vorwärts. Sie hing nicht wie ein nasser Mehlsack im Wasser, wie Hanna es sonst bei vielen Anfängern beobachtet hatte. Maria schwamm sehr konzentriert hin und her, dann stellte sie sich hin, ging zu Hanna hinüber und umarmte sie.

»Es ist unglaublich«, flüsterte Maria, »danke!« Marias Gesicht strahlte mit der Sonne um die Wette. Hanna war selbst erstaunt, wie schnell Maria das Schwimmen gelernt hatte und wie sicher sie sich nach der kurzen Zeit schon im Wasser bewegte.

»Maria, du bist ein Naturtalent. Du bist eine richtige Wasserratte.«

Maria zuckte zusammen, Ratten brachten nur die Pest, sie wollte nicht wie eine Ratte sein.

»Bei uns nennt man Menschen, die sich im Wasser sehr wohl fühlen, Wasserratten. Damit sind, glaube ich jedenfalls, die Bisamratten oder auch die Biber gemeint«, beeilte sich Hanna zu sagen, denn bei dem entsetzten Gesichtsausdruck, fiel ihr das mit der Pest auch wieder ein.

Maria lächelte: »In Ordnung, Bisam oder Biber ist gut, das sind schöne Tiere.«

»Hast du denn schon mal welche gesehen?«, fragte Hanna neugierig. Die Mädchen machten eine Pause und setzen sich auf einen umgefallenen Baumstamm nahe des Ufers. Dank der wärmenden Sonnenstrahlen, war ihnen nicht kalt.

»Also, hier habe ich noch keine Biber gesehen, aber in Dabrun. Dort gibt es kleine Bäche und sumpfige Gebiete, dort kann man viele Biber in der Dämmerung bei ihrer Arbeit sehen.«

Hanna seufzte: »So einen Biber würde ich auch gerne mal sehen. Schade, dass diese Tiere bei uns jetzt so selten geworden sind.«

»Wieso das denn?«, fragte Maria neugierig. »Weißt du, es ist zwar vieles im Laufe der Jahre anders und oft auch besser geworden, doch manchmal war der Fortschritt für die Tier- und Pflanzenwelt nicht förderlich. Manche Tiere sind ausgestorben, sie gibt es einfach nicht mehr. Andere Tiere sind so selten geworden, dass man sie praktisch nicht zu Gesicht bekommt. Wie eben auch die Biber. Es gibt in meiner Zeit auch viel mehr Menschen. Wittenberg zum Beispiel ist in deiner Zeit viel, sehr viel kleiner, als in meiner Zeit.«

Maria brauchte eine Weile, um das Gehörte zu verdauen, dann sagte sie:»Ich weiß nicht, wo ich lieber leben möchte, bei dir oder hier bei mir, denn diese beiden Welten scheinen, bei aller Ähnlichkeit, auch sehr unterschiedlich zu sein. Doch eines weiß ich, du bist von heute an meine Freundin, und das wirst du immer bleiben, auch in 500 Jahren noch, denn Freundschaft vergeht nicht.«

Marias Stimme war ganz weich und ihr Gesicht golden. Hanna musste schlucken, Freundschaft für immer – BFF. Wollte sie nicht immer schon so eine Freundin haben?»Maria, obwohl ich es hier sehr schön finde und ich dich gefunden habe, vermisse ich meine Eltern und mein Zuhause. Deshalb möchte ich wieder zurück in meine Zeit. Ich weiß zwar nicht wie, aber es muss doch irgendwie gehen … Dich aber werde ich niemals vergessen. Du wirst auch meine Freundin bleiben, für immer, Maria.«

Es war nur selbstverständlich, dass sich beide Mädchen an den Händen fassten und sich wie zur Bekräftigung ihrer Worte in die Augen schauten. So saßen sie wortlos und doch voll freundschaftlicher Innigkeit eine Weile beisammen. Dann blitzte wieder der Tatendrang in Marias Augen auf. Tausend kleine Fünkchen tanzten in ihren Augen und sie sprang auf.

»Komm, Hanna«, rief sie voller Übermut, »ich möchte

wieder schwimmen.« Das ließ sich Hanna nicht zweimal sagen. Hand in Hand rannten sie ins Wasser. Maria war schon viel mutiger geworden und nach einer weiteren Übungseinheit, die auch das Tauchen beinhaltete, war es Zeit für eine Mutprobe.

»Maria, du bist nun schon sicher beim Schwimmen, aber nun musst du dich auch ins tiefe Wasser wagen. Wir schwimmen jetzt gemeinsam ans andere Ufer. In Ordnung?«

Hanna konnte hören, wie Maria schluckte. »Du kannst das, da bin ich mir ganz sicher«, ermunterte sie ihre Freundin deshalb. Und so war es auch. Maria schaffte es tatsächlich ohne Probleme, die Elbe zu durchschwimmen, die hier in Wittenberg nicht sehr breit war. Atemlos kamen sie am anderen Ufer an. Nach einer Pause schwammen sie wieder zurück. Maria umarmte ihre Freundin, als sie wieder bei ihrem Baumstamm ankamen.

»Nun hat sich, dank dir, ein großer Traum von mir erfüllt. Einfach so! Unglaublich!«

Hanna musste lachen: »Nicht einfach so, du hast hart dafür trainiert. Du hast es dir wirklich verdient.«

Jetzt musste auch Maria lachen: »Ja, und ich spüre auch meine Arme und Beine. Schwer wie Blei sind sie.«

»Das geht vorbei, du brauchst einfach nur ein bisschen Übung und regelmäßiges Schwimmen. Aber das wirst du ja bald haben, denn sicher wollen viele Kinder das Schwimmen bei dir lernen.«

Marias Lachen stockte. »Mir wäre es viel lieber, wenn du es zusammen mit mir machen könntest. Ich weiß nicht, ob ich mein Wissen schon weitergeben kann.«

»Solange ich hier im Schwarzen Kloster bin, helfe ich dir natürlich. Wir geben gemeinsam Schwimmunterricht.« »Das wird eine schöne Sache«, freute sich Maria. Sie alberten noch eine Weile am Fluss herum, dann war es Zeit zurückzugehen. Sie zogen sich die Kleider über. Sicher hatte die Köchin sie, oder besser gesagt ihre Arbeitskraft, schon vermisst. Sie hatten es trotzdem nicht eilig, sondern schlenderten den Weg zurück. Beide hingen ihren Gedanken nach. Maria freute sich wie ein kleines Kind, dass sie nun Schwimmen konnte und Hanna überlegte, wann sie wohl wieder nach Hause kommen würde. So langsam machte sich Heimweh in ihr breit. Der Tag erschien ihr schon jetzt endlos und er war noch lange nicht zu Ende. Daheim verging die Zeit viel schneller. So erschien es ihr jedenfalls. Morgens aufstehen, sich aus dem Bett quälen, frühstücken, im Bus zur Schule fahren, Schule, Freunde, Mittagessen, Hausaufgaben, Lernen, Lesen, vor allem aber mit dem Handy in virtuellen Welten unterwegs sein oder Spiele spielen, wieder essen, etwas fernsehen und dann schon wieder ab ins Bett. Hier war es schon ewig her, dass die Köchin sie morgens geweckt hatte. Und was war heute schon alles passiert. Brot backen, Äpfel und Gemüse ernten, Magdalene aus dem Fluss retten, die Wundversorgung von Katharina von Bora. Apropos, was machte ihr Verband eigentlich? Hanna entdeckte mit Staunen, dass dieser noch immer an Ort und Stelle saß. ›Die Salbe scheint eine Art Klebstoff zu sein, der Verband sitzt ja noch wie festgepappt. Außerdem spüre ich die Verletzung überhaupt nicht mehr. Das wirkt echt besser, als unsere Jodsalbe zu Hause.‹ Und wieder dieser kleine Stich in den Magen. Was war, wenn sie für immer hier, im Schwarzen Kloster bleiben müsste? Wenn sie gar nicht mehr nach Hause kommen konnte? Etwas Weiches kullerte an Hannas Wangen hinunter. Ärgerlich wischte sie mit dem Handrücken einige Tränen fort. Sie würde schon wieder nach Hause kommen, bestimmt! Und plötzlich war sie sich ganz sicher. Sie wusste nicht warum, aber sie wusste es einfach. ›Ich versuche einfach, das Beste aus dieser Situation zu machen, so wie schon den ganzen Tag. Außerdem ist es so schön hier, da fällt es mir nicht schwer, einige Zeit hierzubleiben‹, dachte sie.

KAPITEL 12

AUF DER SUCHE NACH FERDINAND

Das bunte Treiben im Hof war in der Tat aufmunternd. Im Schatten der Gebäude tummelten sich wieder die Kinder, Tölpel mitten unter ihnen. Die Köchin streckte ihren Kopf aus dem Küchenfenster und rief ihnen zu: »Auf, ihr Mädchen, wo bleibt ihr denn, ich brauche eure Hilfe.«

Maria seufzte: »Wir werden heute Abend zwar beim Doktorschmaus mit am Tisch sitzen, das Essen hierfür werden wir aber selber kochen müssen.«

Hanna fand die Aussicht auf einen weiteren Einsatz in der Küche auch nicht so angenehm, sagte aber gut gelaunt: »Was kann zwei Schwimmerinnen wie uns denn schon von der Küchenarbeit abhalten? Hauptsache, wir sind zusammen.«

Maria nickte gerade, als ein Kind aufschrie. Tölpel fing an zu bellen, und in kürzester Zeit entstand ein unglaublicher Tumult. Eine große Staubwolke entstieg dem Stall und die eben noch so fröhliche Kinderschar schrie und rannte kreuz und quer durcheinander. Bevor Hanna verstehen konnte, was da vor sich ging, rannte auch schon ein riesiges

Schwein auf sie zu. Sie wusste gar nicht, dass Schweine so groß werden können. Sie hatte immer nur niedliche Ferkel im Kopf, wenn sie an Schweine dachte. Und natürlich waren alle Schweine rosa. Dies hier aber war wirklich sehr groß und es war auch nicht rosa, sondern schwarzgrau gefleckt. Mit geöffnetem Maul und wild grunzend rannte es nun direkt auf die Mädchen zu. Hanna schrie vor Schreck auf und sprang zur Seite. Maria tat es ihr nach. Das Schwein jedoch, interessierte sich gar nicht für sie, es rannte einfach an ihnen vorbei und aus dem Hof hinaus, eine große Staubwolke hinter sich herziehend. Hanna drehte sich um und starrte dem wildgewordenen Schwein fassungslos hinterher.

Maria fasste sich als Erste und sagte: »Das war der Zuchteber.«

Wie bitte? Weshalb brach er einfach aus dem Stall aus? Hanna war fassungslos. »Wieso bricht er denn aus?«, fragte sie irritiert.

»Wir wissen es nicht genau. Von Zeit zu Zeit passiert das und wir müssen dann alle beim Suchen helfen … Meistens kommt sein Ausbruch vor, wenn das Becken in seinem Stall nicht mit ausreichend Wasser gefüllt ist. Das muss bei dieser Hitze immer voll Wasser sein, denn Ferdinand liebt es, sich da reinzulegen und zu baden.«

»Ferdinand? Der Eber heißt Ferdinand?«, Hanna war sprachlos.

»Das war die Idee von Magdalene«, meinte Maria, »sie mag ihn so gerne wegen seiner lustigen schwarzgrauen Flecken. Sie findet, dass Ferdinand ein guter Name für ein Schwein ist und mittlerweile nennen wir ihn alle so. Die

Muttersau hat auch einen Namen, sie heißt Irene.« Am liebsten hätte sich Hanna vor Lachen auf dem Boden gerollt, doch sie konnte sich beherrschen und kicherte nur leise vor sich hin. Ferdinand und Irene – einfach unglaublich.

»Und Ferdinand haut ab und badet jetzt in der Elbe«, sinnierte Hanna.

Maria schaute Hanna schräg von der Seite an und lachte auf, weil sie das einem Schwein nun überhaupt nicht zutraute.

»Na, wenn er so gerne badet, ist das doch sehr wahrscheinlich, oder? Schweine sind sehr intelligente Tiere«, verteidigte Hanna ihre Idee. Inzwischen waren auch schon andere Bewohner des Schwarzen Klosters auf den Ausbruch von Ferdinand aufmerksam geworden.

»Wo kann der jetzt schon wieder hingelaufen sein?«, rief eine ältere Frau, die gerade aus dem Stall kam. Laut wurde beratschlagt, wo sich das Schwein wohl aufhalten würde. Selbst die Hausherrin erschien in der Tür. Als sie Hanna und Maria mitten im Hof stehen sah, kam sie auf sie zu. Mittlerweile war es für Hanna schon normal, mit Katharina von Bora zu sprechen und sie konnte fast vergessen, wer diese Frau war.

»Habt ihr gesehen, wohin der Eber gelaufen ist?«, fragte sie.

»Hanna denkt, dass er bestimmt zur Elbe gelaufen ist, weil er baden möchte, Frau Lutherin«, antwortete Maria.

»Wenn Ferdinand gerne badet und nicht genug Wasser im Becken ist, ist das doch nur logisch«, setzte Hanna hinzu.

Fragend sah die Frau Lutherin die Stallmagd an.

»Es stimmt, Frau Lutherin, ich habe es gerade nachgeprüft«, sagte diese, »das Becken ist leer!«

»Nun gut, ihr Mädchen«, sagte da Katharina von Bora, »ihr dürft überprüfen, ob Hannas These stimmt. Wenn dem so ist, wäre es noch eine bemerkenswerte These mehr!« Sie lächelte.

Hanna lächelte auch und sie fragte sich scherzhaft, ob aus den 95 Thesen, die Luther an die Schlosskirche zu Wittenberg geschlagen hatte, historisch gesehen 96 würden, wenn sie Recht behielte.

»Wenn ich Recht habe, dann finden wir ihn. Wir können ihn einfangen und wieder hierherbringen«, schlug Hanna zaghaft vor, »und der Stallknecht könnte in der Zwischenzeit das Wasser bei Ferdinand im Stall wieder auffüllen.«

Auch die Kinder standen im Kreis um sie herum und lauschten dem Gespräch. Es war immer etwas Besonderes, wenn Ferdinand abhaute.

»Ferdinand ist sehr lieb und brav«, sagte Katharina von Bora, aber ob er mit euch mitkommt, das weiß ich auch nicht. Geht, und probiert es. Nehmt einen Strick und Äpfel mit. Viel Glück und Gottes Segen.«

Mit einem Lächeln drehte sich Katharina von Bora wieder um. Maria schaute hoch zur Köchin, doch Katharina rief ihr gerade zu, dass die beiden Mädchen nun auf Eberjagd seien.

Maria stubste Hanna an und sagte: »Auf, wir holen alles aus dem Stall.« Sie suchten Strick und Äpfel und machten sich auf den Weg. Die Kinder blieben an der Hofeinfahrt zurück. »Wieso nehmen wir Äpfel mit, mag er die gerne?«

»Ferdinand liebt Obst, und Äpfel ganz besonders«, antwortete Maria.

Bis zur Elbe war es ja nicht weit. Schon von Weitem sahen sie Ferdinand, der sich in Ufernähe im Flussschlamm suhlte. Bis zu seiner stattlichen Körpermitte stand das Wasser. Offensichtlich genoss er sein Schlammbad sehr.

»Du hast tasächlich recht gehabt!« Maria klang erstaunt, dann fügte sie lachend hinzu: »Ferdinand ist der Liebling von Katharina, ich nehme an, dass der Stalljunge ordentlich was zu hören bekommt, weil er das Grundbedürfnis von Ferdinand so missachtet hat.«

Hanna schaute sie leicht skeptisch an. Einen Eber als Liebling?

»Sieh mich nicht so an«, sagte Maria leicht errötend, »die Frau Lutherin hat ihn großgezogen, er wurde von seiner Mutter nicht angenommen, weil sie einfach zu viele Ferkel bekommen hatte. Er wurde mit viel Liebe und Aufwand gepflegt und aufgezogen. Deshalb ist er auch zahm und normalerweise ein ganz lieber Kerl.«

Maria sprach fast liebevoll von ihm.

»Na, dann fangen wir uns den lieben Kerl mal wieder ein«, sagte Hanna voller Tatendrang. Die Mädchen zogen sich die Kleider aus, stapften ins seichte Wasser und riefen den Eber beim Namen. Tatsächlich hob er seinen mächtigen Kopf und schaute sie argwöhnisch an. Selbst als er die Äpfel in Marias Hand roch, kam er nicht näher.

›Hoffentlich ist er wirklich lieb, schließlich habe ja nicht ich ihn großgezogen‹, dachte Hanna etwas unsicher. Flüchtig schoss ihr durch den Kopf, dass Katharina von Bora eine unglaublich liebevolle Frau sein musste. Einen Eber aufzuziehen, das fand sie doch sehr ungewöhnlich. Aber war Katharina nicht auch eine ungewöhnliche Frau?

Als die Mädchen in Ferdinands Reichweite kamen, trat er weiter in den Fluss hinein. Der Eber war sehr wachsam und stapfte jedes Mal in eine andere Richtung, wenn die Mädchen ihm zu nahe kamen. Hanna klatschte schließlich mit der flachen Hand aufs Wasser und rief zornig: »So wird das nie im Leben etwas, so bekommen wir ihn nicht aus dem Wasser.«

Natürlich hatten sie ihm auch schon einen Apfel hingehalten, aber die Lust am Baden überwog eindeutig seinen Hunger auf Äpfel.

»Was sollen wir denn sonst machen?«, erklang die hoffnungslose Stimme von Maria. Hanna überlegte eine Weile, dann hatte sie eine Idee. »Wir baden mit ihm, wir bespritzen ihn und uns mit Wasser und tun so, als würden wir ihn überhaupt nicht einfangen wollen.«

Zur Antwort spritzte Maria sie nass und auch Ferdinand wurde mit Wasser begossen. Erstaunlicherweise entspannte sich das Tier. Ferdinand hob seinen Kopf und tauchte ihn immer wieder ins Wasser, so als würde er sich an der Wasserschlacht beteiligen. Hanna kicherte, irgendwie war er richtig lustig. Sie bespritzten den Eber nun ganz gezielt immer wieder mit Wasser. Irgendwann schwamm Maria sogar um ihn herum. Hanna staunte, wie sicher Maria sich im Wasser bewegte. Maria war ein absolutes Naturtalent und für das Training in der DLRG geeignet. Schade, dass daraus nichts werden würde. Mit Maria würde das Training viel mehr

Spaß machen. Schließlich ging den Mädchen die Puste aus, und sie starteten einen neuen Versuch mit dem Lockapfel. Anscheinend hatte auch Ferdinand nun genug von der wilden Planscherei, denn er ließ sich problemlos füttern und den Strick umbinden, den Hanna über der Schulter trug. Als Belohnung bekam er noch zwei Äpfel, die er genüsslich kaute. Brav folgte er dann den Mädchen aus dem Wasser und nachdem Hanna und Maria sich wieder angezogen hatten, ließ er sich ohne weitere Zwischenfälle zurück ins Schwarze Kloster bringen.

Als sie, mit dem Tier am Strick, im Hof eintrafen, gab es ein großes Willkommensgeheul der Kinder. Der Eber ließ sich ganz zuverlässig, und davon gänzlich unbeeindruckt, in seinen Stall bringen. Tatsächlich war mittlerweile das Wasser im Trog aufgefüllt worden, doch Ferdinand ließ sich als erstes ins trockene Stroh plumpsen. Für heute hatte er genug vom Wasser. Maria gab ihm die restlichen Äpfel und sagte:»Am liebsten würde ich mich dazulegen, ich bin richtig müde.« Müde? Hanna war richtig fertig, nicht nur müde.

Triefend nass standen beide Mädchen da, denn ihre Kleider waren durch die nassen Untergewänder wieder durchweicht worden, und sahen Ferdinand beim Einschlafen zu.

»Meinst du, wir müssen immer noch in der Küche helfen?«, fragte Hanna vorsichtig.»Immerhin haben wir Ferdinand wieder eingefangen.« Maria seufzte auf:»Ich fürchte, da werden wir nicht drumherumkommen. Aber zuerst brauchen wir trockene Gewänder und etwas Gutes zu trinken.«

KAPITEL 13

SELBSTGEBRAUTES

Was Maria damit wohl meinte, schließlich gab es hier ja keine Cola oder so. Vielleicht aber leckeren Apfelsaft? Sie nickten Ferdinand noch einmal zu, aber der beachtete sie gar nicht mehr. Er hatte seinen mächtigen Kopf ins Stroh gebettet. Merkwürdige Geräusche kamen aus seiner riesigen Schnauze. Hanna hatte das sichere Gefühl, dass er schlief, denn das klang ziemlich nach Schnarchen. Sie verdrehte die Augen, unglaublich dieses Vieh. Aber irgendwie auch goldig. Als sie aus dem Stall wieder auf den Hof traten, mussten sie sich noch immer die Hände vor die Augen halten. Hanna konnte es nicht glauben, noch immer war kein Abend in Sicht. Dieser Tag schien endlos zu sein. Hanna und Maria zogen sich trockene Sachen an. Danach machten sie sich auf den Weg in die Küche. Mittlerweile kannte Hanna schon selbst den Weg und musste nicht mehr blind ihrer Freundin folgen.

»Na, da sind ja unsere beiden Heldinnen«, begrüßte die Köchin sie herzlich, »die Kinder haben bereits erzählt, dass Hanna recht hatte und ihr den Eber am Fluss gefunden habt.« Sie strahlte und zeigte auf einen Berg Gemüse. »So ihr zwei, das könnt ihr waschen und klein schneiden.«

Hanna erstarrte.

»Das alles?«, rutschte es ihr heraus.

»Sicher!«, gab die Köchin zur Antwort. »Wir werden heute Abend eine Menge Gäste haben, es hat sich eine große Runde angemeldet. Zudem werden auch einige Studenten dabei sein. Die wollen ja alle satt werden. Außerdem ist mir zu Ohren gekommen, dass noch zwei weitere Gäste erwartet werden.«

Bedeutungsvoll sah die Köchin sie an. »Die Frau Lutherin ist euch so dankbar. Wir alle sind euch so dankbar. Und nun habt ihr auch noch Ferdinand zurückgebracht. Unglaublich. Ich habe schon ein Dankgebet an unseren Herrn geschickt.«

Mit Staunen stellte Hanna fest, dass Maria leicht rot im Gesicht wurde und ihren Kopf senkte. Solche Worte war sie sicher nicht gewohnt. »Bevor ihr aber mit eurer letzten Tagesarbeit beginnt, schickt euch die Frau Lutherin etwas von ihrem guten Bier.«

Hanna schaute verwirrt zu Maria. Mit einem dumpfen ›Plopp‹, stellte die Köchin zwei große, irdene Krüge vor die beiden ab. Die anderen Küchenmädchen schauten etwas neidisch. Maria strahlte und stupste ihre Freundin vor lauter Freude an. Hanna schluckte. Sie sollte Bier trinken? Einmal hatte sie heimlich einen Schluck Bier von ihrem Vater getrunken. Nur so zum Testen. Sie war damals schnell ins Bad gerannt und hatte es wieder ausgespuckt. Es schmeckte einfach widerlich, so bitter. Und nun stand ein ganzer Krug mit der goldenen Flüssigkeit vor ihr. Maria zog Hanna zu sich auf die Küchenbank und schob ihr den Krug hin. »Komm, trink. Es ist wirklich sehr gut.« Maria trank einen großen Schluck und seufzte leise beim Abstellen des Kruges. »Hmm, das schmeckt hervorragend.«

Hanna starrte sie an.

»Was ist, probier doch mal«, ermunterte Maria ihre Freundin. ›Ok, nur probieren, ich teste einfach mal. Es wäre doch ungastlich, wenn ich nicht zumindest probieren würde. Aber ganz werde ich es nicht austrinken. Das überlebe ich nämlich nicht‹, dachte Hanna und nahm beherzt einen Schluck von dem Gerstensaft. Sie riss überrascht die Augen auf. Es schmeckte gar nicht bitter. Sicher, es war nicht süß, aber es hatte einen guten, leicht herben Geschmack. Hanna hatte im Geiste ein Getreidefeld in der Sonne vor sich, wie aus einer Bierwerbung. Schnell nahm sie noch einen Schluck. Maria grinste sie an: »Sag ich doch, es ist wirklich lecker.« Gemeinsam leerten die Mädchen ihre Krüge. Hanna merkte überhaupt nichts von dem Alkohol und plötzlich fiel ihr ein, dass sie ja gelesen hatte, dass im Mittelalter zwar Bier gebraut wurde, der Alkoholgehalt darin aber sehr gering war. Das Bier von Katharina schien auch fast keinen Alkohol zu haben, deshalb konnten es wohl auch junge Menschen trinken. Nach dem Genuss des Bieres, mussten sie jedoch zu ihrem Leidwesen wieder an die Arbeit. Der Gemüseberg schien am Anfang überhaupt nicht zu schrumpfen. Maria schnippelte wortlos neben ihr los. Auch Hanna fiel es schwer sich aufzuraffen, etwas zu erzählen. Sie war todmüde. Was für ein tolles Leben sie doch zu Hause hatte. Oh, da fiel ihr ihre Mutter ein. Wer schnippelte denn bei ihnen das Gemüse, kochte und briet das Fleisch? Hanna nahm sich fest vor, dies in Zukunft zu ändern. Ab sofort würde sie ihre Mutter in der Küche unterstützen, zumindest am Wochenende wollte sie ihr helfen. Ja, so würde sie es machen, aber erstmal musste sie sich durch diesen riesigen Berg Gemüse durcharbeiten. Und überhaupt war ja noch gar nicht klar, wann sie wieder in ihrer Zeit sein würde. Vielleicht musste sie noch öfter Ferdinand oder sonst ein Tier aus der Elbe fischen. Wer weiß? Hanna wurde von einem tiefen Seufzer aus ihren Gedanken gerissen.

»Ich bin hundemüde, ich will einfach nur schlafen. Dieses Gemüse hier kann mir mal gestohlen bleiben«, ächzte Maria. So kannte Hanna ihre Freundin gar nicht. Gut, sie kannte Maria sowieso noch nicht lange, aber den ganzen Tag über war sie voller Energie gewesen. Nun machte sich wohl das intensive Schwimmtraining, inklusive der Rettung von Ferdinand bemerkbar. Hanna schaute von Maria zu dem Stapel Gemüse. Sie hatten ihn erst zur Hälfte abgearbeitet. Das konnte noch dauern. Zum Glück war im Moment keiner sonst in der Küche und Hanna sagte: »Maria, soll ich dir etwas aus meiner Zeit erzählen?«

Sofort leuchtete Marias Gesicht auf und sie antwortete ganz kribbelig: »Ja, da gibt es etwas, was ich sehr gerne wissen möchte.«

Hanna schaute sie erwartungsvoll an.

»Also, wie ist das mit der Liebe und dem Heiraten bei euch?«

KAPITEL 14

DIE FREUNDSCHAFTSLINDE

Wie bitte?‹, dachte Hanna. Das war doch total langweilig, aber Hanna antwortete: »Was möchtest du denn genau wissen?«

»Na ja, hast du einen Freund und wenn ja, wann heiratest du ihn, also bist du ihm schon versprochen?«

Heiraten? Meinen Freund? Hanna dachte, sich verhört zu haben.

»Maria, ich habe noch keinen Freund, zumindest keinen, den ich heiraten werde. Ich bin doch erst 13 Jahre alt und ans Heiraten denke ich noch lange nicht.«

Maria überlegte eine Weile, dann sagte sie: »Also hier bei uns heiraten die Mädchen normalerweise sehr früh. Manchmal schon mit 16 Jahren oder noch früher. Oft werden sie mit 12 Jahren einem Mann versprochen.«

Hanna klappte der Kiefer runter, das hatte sie nicht gewusst. Dann riss sie sich zusammen und fragte: »Versprochen heißt dann wohl, dass das Mädchen später diesen Mann und keinen anderen heiraten wird, oder?«

»Ja, genau.«

»Maria, ich finde einen Jungen in unserer Schule ganz süß und manchmal lächelt er mich auch total niedlich an, aber das war es dann auch schon. Bisher haben wir noch kein Wort miteinander geredet. Eigentlich schade, vielleicht sollte ich das mal ändern? Wir Mädchen suchen uns die Männer selber aus, es gibt keine Zwangsheirat oder so, zumindest bei uns in Deutschland. Und auch die Mitgift gibt es nicht mehr.«

»Was? Soviel hat sich geändert!« Maria seufzte. »Ich bin noch keinem Mann versprochen und bisher hat mich auch noch keiner so richtig angelächelt. Du weißt schon, was ich meine.«

Hanna überlegte kurz: »Du meinst so richtig von Herzen angelächelt, sodass du auch ganz genau weißt, dieses Lächeln gilt nur dir alleine?«

»Ja, genau so. Gerne möchte ich später einen Mann und auch Kinder haben. Ein eigenes Heim. Das wäre so schön.«

Wie unterschiedlich es doch war. Hanna hatte noch nicht mal richtig an einen Freund gedacht und Maria träumte bereits von einer ganzen Familie.

»Also ich möchte einen Beruf erlernen, selber Geld verdienen, bevor ich heirate und Kinder bekomme«, sinnierte Hanna.

»Dr. Martinus sagt, dass die Ehe und die Mutterschaft das Wichtigste im Leben einer Frau seien.«

»Ja, das mag wohl sein, aber trotzdem ist es auch schön, als Frau selbständig zu sein«, antwortete Hanna.

Marias Stimme hatte einen weichen Klang, als sie sagte: »Die Frau Lutherin ist mein Vorbild. Sie hat einen Mann,

Kinder, ein Heim und ist dennoch selbständig. Schau doch, was sie alles alleine macht, wie sie wirkt und arbeitet.«

Hanna wunderte sich nicht über Marias Worte, denn sie konnte ihre Gedanken sehr gut nachvollziehen.

»Ja, Maria, du hast recht, Katharina von Bora ist ein großes Vorbild. Sie ist eine tolle Frau, Mutter und sicher auch Ehefrau.«

Das Gespräch hatte den beiden Mädchen wieder neue Energie gegeben und mit Eifer schnippelten sie den Rest des Gemüses in Rekordzeit weg. Obwohl Hanna bei dem Gedanken daran auch aufgeregt war, freute sie sich sehr auf den heutigen Abend. Endlich würde sie auch Martin Luther begegnen.

Die Köchin war erstaunt, als sie wieder zur Küchentür hereinkam. Zwei andere Küchenmädchen folgten ihr. Nun würde das Essen für heute Abend gekocht werden. Die Küchenmädchen hatten Fleisch aus dem Pökelfass und die Köchin Gemüse geholt. Beides lagerte in den tiefen Kellern, erklärte Maria ihrer Freundin. Die Köchin sagte ihnen, dass sie nun frei hätten und scheuchte sie hinaus. Das ließen sich Maria und Hanna nicht zweimal sagen.

»Komm mit, ich zeige dir meinen Lieblingsplatz«, mit diesen Worten zog Maria ihre Freundin hinter sich her.

»Warte, nicht so schnell.« Hanna war neugierig, was nun kommen würde. Sie traten wieder in den Hof und Hanna bemerkte, dass die Sonne nun deutlich niedriger am Himmel stand und erste Schatten in den Hof warf. Sie folgte ihrer Freundin in den Klostergarten. Die Blumen, Kräuter und auch das Gemüse lagen nun golden schimmernd in der frühen Abendsonne. Hanna stockte der Atem, es sah wunderschön aus. Maria ging zielstrebig auf einen, in der Mitte stehenden Baum zu. Es war eine stattliche Linde. Maria setzte sich auf eine alte Holzbank, die unter dem Baum stand. Hanna setzte sich zu ihr. Sie lehnten den Rücken an den Baum.

»Das hier ist mein Lieblingsplatz. Hier kann ich nachdenken und zur Ruhe kommen, wenn es in der Küche und im Stall zu turbulent zugeht«, erklärte Maria.

Hanna merkte, wie der Stamm ihren Rücken wie eine Heizung wärmte. Er war von der Wärme der Sonne aufgeladen. Wie gut sich das anfühlte. Sie sah Maria an. »Wenn du nichts dagegen hast, ist dies nun unser gemeinsamer Platz. Linden werden sehr alt, jedenfalls haben wir das gerade in der Schule gelernt. Bestimmt steht er auch noch zu meiner Zeit im alten Klostergarten. Ich werde hierherkommen und daran denken, wie wir jetzt hier gemeinsam sitzen.«

Maria ergriff Hannas Hand und sagte leise: »Das ist schön Hanna, genau so machen wir es. Wenn du nicht mehr da bist, werde ich jeden Tag hierherkommen, den Baum spüren und an dich denken. Das ist jetzt unser Freundschaftsbaum.«

Hanna sprang auf und auch Maria hielt es nicht mehr auf der Bank. Als hätten sie sich abgestimmt, stellten sie sich neben der Bank vor den Baum und umarmten ihn. Jede von einer Seite, sodass sich die ausgestreckten Hände der Mädchen dabei berührten. Für Hanna war dies ein schon fast magischer Augenblick und sie würde ihn niemals vergessen. Maria ließ ihre Hände los und strahlte sie an.

»Und was machen wir jetzt?«, fragte Hanna.

»Nun suchen wir ein schönes Kleid für dich heraus, schließlich wollen wir beide ja gut aussehen heute Abend, oder?«

KAPITEL 15

VORBEREITUUNG AUF DEN DOKTORSCHMAUS

Hanna erstarrte. Daran hatte sie überhaupt noch nicht gedacht. Zögernd folgte sie Maria wieder in die Gemeinschaftskammer der Küchenmädchen. Nun hatte sie doch ein wenig Angst vor heute Abend, sie fiel dort bestimmt auf. Alle würden merken, dass sie gar nicht hierhergehörte. Mit gesenktem Kopf und klopfendem Herzen stand sie in der Kammertür.

»Los, Hanna, komm, wir müssen ein passendes Kleid für dich finden.« Hanna setzte sich auf ihr Bett. Bisher hatte sie gar nicht richtig wahrgenommen, dass neben jedem Bett auch eine Kommode stand. Maria kniete nun vor ihrer Kommode und kramte und suchte darin herum.

»Hier! Wie wäre es damit?« Fragend hielt sie ein Kleid aus feinem, rotem Stoff hoch.

Hanna seufzte: »Darin sehe ich bestimmt wie ein Leuchtsignal aus. Alle werden mich anstarren.«

»Nein, du wirst darin wie eine Mohnblüte in der Sonne

leuchten«, war die Antwort von Maria. Ok, das klang besser als Leuchtsignal.

»Natürlich werden uns alle anschauen, denn wir sind ja sonst nie dabei. Aber das wird schon nicht so schlimm werden.«

Marias Stimme klang nun aber nicht mehr ganz so fest. Sicher hatte sie auch ein wenig Angst vor der Runde heute Abend. Martin Luther, Justus Jonas, Johannes Bugenhagen, Philipp Melanchthon usw. Hanna wurde es ganz flau im Magen. Viele der Namen kannte sie aus dem Unterricht. Es waren wegweisende Männer der Reformation, wie Frau Wätjen sie immer nannte. Sie haben Martin Luther beim Übersetzen des alten Testamentes geholfen und vieles mehr. Hanna erinnerte sich auch, dass Martin Luther auf seinen Reisen manchmal von seinem Freund, Justus Jonas, als Rechtsbeistand begleitet wurde. Er war auch dabei, als Martin Luther 1546 in Eisleben starb.

›Nicht dran denken, einfach nicht dran denken. Alles wird gut‹, versuchte sie sich zu beruhigen. Maria kramte immer noch in den Kleidern herum.

»Sag mal, was ist denn da alles drin?« Nun war Hanna doch neugierig geworden.

»Eine ganze Menge Kleider, Wäsche und Tücher.« Marias Stimme klang dumpf, denn sie steckte mit ihrem Kopf tief in der Kommode.

»Hier, das werde ich anziehen!« Stolz holte sie aus dem hintersten Winkel ein himmelblaues Gewand mit blauen Bändern hervor. Sie stand auf und hielt sich das Kleid vor den Körper. Es sah wunderschön aus.

»Maria, du wirst darin wie eine Prinzessin aussehen.«
Obwohl das Kleid aus einem Wollstoff gefertigt war, konnte Hanna deutlich die feine Verarbeitung sehen. Außerdem leuchtete die Farbe herrlich satt und passte wunderbar zu Marias schwarzen Haaren.

»Sag mal, Hanna, kannst du eigentlich Haare flechten?«

»Nein, das kann ich leider überhaupt nicht. Kannst du es denn?«

»Es wird für heute Abend reichen, aber wenn ich heirate, dann möchte ich mir die Haare von jemandem flechten lassen, der es wirklich gut kann. Mit weißen Bändern im Haar und so.« Marias Stimme klang auf einmal träumerisch, dann hob sie den Blick und sagte bestimmt: »Sauber sind wir ja mehr als genug, komm her, ich versuche mich mal an deinen Haaren.«

Maria holte wieder die Bürste vom Nachttisch und bedeutete ihrer Freundin, sich aufs Bett zu setzen. Mit geübten Strichen kämmte sie Hanna die Haare. Hier schien das unter den Mädchen völlig normal zu sein. Hanna konnte sich nicht erinnern, wann ihr zu Hause das letzte Mal jemand die Haare gekämmt hatte. Das war sicher ihre Mutter gewesen.

»Ich habe schon eine Idee, wie ich sie dir flechten werde«, meinte Maria, »du wirst hübsch aussehen!«

Tatsächlich, als Maria nach einer gefühlten Ewigkeit mit dem Flechten und Hochstecken fertig war und Hanna einen Spiegel vor die Nase hielt, stieß Hanna einen kleinen Freudenschrei aus. »Meine Güte, wie hast du das denn fertiggebracht? Hattest du nicht gesagt, dass du es nicht so gut kannst?«

Maria grinste: »Ich sagte: Für heute Abend wird es reichen.«

»Na, da hast du aber ziemlich untertrieben, das sieht ja phantastisch aus.«

Maria lächelte geschmeichelt.

»Aber was machen wir nun mit dir? Ich kann wirklich nicht flechten, das würde nur furchtbar aussehen«, sagte Hanna ratlos.

»Das ist kein Problem, für heute Abend wird es langen«, lachte Maria laut.

»Ja, aber nur, wenn du es selbst machst.«

Im Handumdrehen hatte sich Maria eine aufwendige Frisur gestaltet und alles sicher mit Nadeln festgesteckt.

»Eigentlich sind wir ja noch etwas früh dran, ich hoffe, dass unsere Frisur bis heute Abend hält«, überlegte Maria.

»Wann beginnt denn der Doktorschmaus?«, fragte Hanna neugierig. »Erst, wenn die Sonne untergegangen ist.«

»Das dauert ja noch ewig! Was machen wir denn solange noch?« Hannas Magen machte sich, passend zu ihrer Frage, lautstark bemerkbar.

Maria kicherte: »Also, wir könnten in der Küche helfen, dann geht es vielleicht etwas schneller.«

»Nein, danke«, war die kurze Antwort von Hanna. Dann wollte sie doch lieber auf das Essen warten. Maria kicherte schon wieder. »Hanna, du bist echt lustig, ich hoffe, dass du noch ganz lange hier bei uns bist. Es macht alles so viel Spaß mit dir.«

Auf einmal wurde Hanna traurig. Auch sie hatte viel Spaß mit Maria. Der ganze Tag war so schön und aufregend gewesen. Sie fühlte sich schon als Teil des Schwarzen Klosters, alles schien ihr so vertraut.

»Maria, ich werde dich echt vermissen, *du* bist meine beste Freundin.«

Maria schaute schnell zur Seite, Hanna war sich sicher, dass eine Träne über ihre Wange rollte, denn sie wischte sich hastig übers Gesicht. In diesem Moment klopfte es leise an der Tür.

»Komm rein, Lenchen«, rief Maria. Keiner klopfte so zart an die Tür, wie das kleine Mädchen. Staunend betrachtete Magdalene die schönen Kleider auf dem Bett. Ihre Augen waren so kugelrund, dass Hanna grinsen musste. Die Kleine war aber auch zu süß. Sie hatte sich offensichtlich wieder ganz von dem unfreiwilligen Bad in der Elbe erholt. Magdalene besah sich auch die hochgesteckten Haare der Mädchen und fragte leise: »Maria, machst du meine Haare auch so hübsch?«

Das kleine Mädchen strahlte, als Maria mit dem Kopf nickte. Sie machte es sich auf dem Bett bequem, während sich Maria hinter sie setzte und mit dem Kämmen und anschließendem Flechten begann.

»Lenchen ist oft bei mir«, erklärte Maria ihrer Freundin.

»Hier bei dir ist es immer so gemütlich und ruhig«, sagte die Kleine. Hanna überlegte, dass es wohl in den Privaträumen der Luthers bei so vielen Kindern manchmal bestimmt turbulent zuging.

Auch Magdalene wurde von Maria hübsch hergerichtet. Die Kleine ging freudestrahlend wieder zur Tür hinaus.

»Bis später, Lenchen«, rief ihr Maria noch hinterher. Von

der Küche schwebten leckere Gerüche nach saftigem Braten zu den Mädchen in die Kammer. ›Boah, habe ich einen Hunger‹, dachte Hanna ungeduldig. »Lange kann es nicht mehr dauern«, sagte Maria wie zur Antwort. »Komm Hanna, wir ziehen jetzt unsere Kleider an.«

Hanna fühlte sich sehr gut in dem schönen Kleid und auch Marias Augen strahlten mit ihrem blauen Kleid um die Wette. Schon bald danach klopfte es ein weiteres Mal an die Tür. Diesmal war es die Hausherrin, auch sie trug ein schönes, safranfarbenes Kleid. Es passte wunderbar zu ihren Haaren. Als sie die Mädchen sah, staunte sie: »Ihr seht sehr schön aus, wie richtige große Damen. Kommt!«

KAPITEL 16

IN DER GROSSEN HALLE

Hanna war froh, dass sie nicht alleine zur großen Halle gehen musste. Sie stellte es sich furchtbar vor, alleine die Tür
zu öffnen und so vielen Menschen entgegenzublicken. Katharina ging mit schnellen Schritten vor ihnen her, die Trep-
pe hinauf und weitere Gänge entlang. Hier war Hanna noch
nicht gewesen. Schließlich kamen sie zu einer großen, mit
Ornamenten reich verzierten Flügeltür. Katharina klopfte
an, öffnete die Tür und trat ein. Hanna wusste nicht, wohin sie zuerst schauen sollte. Es waren mehr Menschen im
Raum, als sie sich vorgestellt hatte. Sie hörte Maria neben
sich schlucken. Katharina bemerkte ihre Unruhe und flüsterte ihnen zu: »Das sind alles nur Menschen und alle sind
Kinder Gottes – genauso wie ihr. Habt keine Angst, denn
vor Gott sind alle Menschen gleich. Kommt, ich führe euch
zu Dr. Martinus, meinem Mann.«

Hanna schlug das Herz bis zum Hals, nun würde sie also
Martin Luther persönlich begegnen. Sie war so aufgeregt,
dass sie sich sicher war, kein vernünftiges Wort herausbringen zu können. Obwohl Hanna Martin Luther ja bisher nur

auf Bildern gesehen hatte, erkannte sie ihn sofort. Aber auch
ohne diese Bilder gesehen zu haben, hätte sie Martin Luther
unter all diesen Männern hier sofort erkannt. Nicht nur,
dass er in der Mitte des großen Raumes saß, nein, es war,
als würde alles um ihn kreisen. Wie die Erde um die Sonne
kreiste, drehte sich hier alles um ihn. Er war Zentrum des
Geschehens in diesem Raum. Hanna verstand, wieso ihm
die Reformation gelungen war und eine umwälzende Bewe-
gung in der Kirche ausgelöst hatte. Vor ihr saß der Begrün-
der der evangelischen Kirche. Es war einfach unglaublich.
Martin Luther strahlte eine Ruhe und Kraft aus, die sie tief
beeindruckte. Als die drei bei ihm ankamen, stand er auf
und streckte seine Hände nach seiner Gattin aus.

»So, meine liebste Frau, hier bringst du nun die beiden
Heldinnen. Wie gut, dass du dies Mädchen nicht fortge-
schickt hast, sondern auf Gott vertraut hast und einer Bedürftigen Brot und Arbeit gegeben hast. Nicht auszudenken, was sonst heute passiert wäre.«

Dann schaute er Hanna und danach Maria tief in die Augen: »Ihr glaubt nicht, wie dankbar ich euch bin. Vor allem
dir, Hanna. Ohne dich und der Gnade Gottes, wäre unser
Goldkind nicht mehr am Leben.«

Martin Luther schüttelte sich leicht bei diesem Gedanken.

»Wir stehen tief in deiner Schuld. Wie ich höre, hast du
auch deiner Freundin schon das Schwimmen beigebracht?«

Hanna überlegte einen Augenblick, woher er das wusste,
doch dann fiel ihr ein, dass sie es vorhin Magdalene erzählt
hatten.

»Und sie haben unseren Ferdinand zurück aus der Elbe geholt und ihn in den heimischen Stall gebracht«, ergänzte Katharina von Bora laut. Mittlerweile war das Stimmengewirr im Saal verstummt. Alle hörten zu. Hanna wurde knallrot im Gesicht. Instinktiv griff sie nach Marias Hand und bemerkte, dass diese leicht zitterte. Bestimmt war es auch für Maria gerade nicht leicht. Nun wandte sich Martin Luther ihrer Freundin zu.

»Auch dir, mein Kind, gilt mein größter Dank und auf dir liegt meine ganze Hoffnung, dass du unseren Kindern und allen, die es lernen möchten, das Schwimmen beibringst. Wie ich gehört habe, wird deine Freundin nur eine kurze Zeit bei uns sein, deshalb ist es gut, dass du heute schon so fleißig gelernt hast.«

Nun war es Maria, die rot wurde.

»Als Zeichen meiner Dankbarkeit habe ich euch zu diesem Festmahle eingeladen, doch es scheint mir, dass dies nur ein kleiner Dank ist und für eure große Tat nicht ausreicht.«

Er schaute die Mädchen immer noch direkt an. »Deshalb frage ich euch, habt ihr einen Wunsch? So er in meiner Möglichkeit steht, werde ich ihn euch erfüllen.«

Martin Luther wollte ihnen einen Wunsch erfüllen? Der ganze Saal schaute zu ihnen herüber und Katharina stand immer noch neben ihnen. Alle hatten die Ohren gespitzt. Was sollte sie nun sagen? Maria stand sprachlos neben ihr und Hanna war sich sicher, dass ihre Freundin nichts äußern würde. Auch ihr eigener Kopf war wie leergefegt. Was sollte sie sich auch wünschen? Dass sie bald wieder nach

Hause kam? Diesen Wunsch konnte Martin Luther ihr ja leider nicht erfüllen, da musste sie auf Gott vertrauen. Gott, ja, auf ihn konnte sie vertrauen. Tief in ihrem Herzen wusste sie es nun. Eigentlich hatte sie es schon immer gewusst. Dieses Wissen war die letzten Jahre nur in ihr vergraben gewesen, aber es war noch da. Und jetzt, nach diesem besonderen Tag, spürte sie ihren eigenen Glauben und das Vertrauen in Gott so deutlich, dass Hanna sich sicher war: Dies war ihr Geschenk und sie würde es sogar mit nach Hause nehmen dürfen. Still und staunend stand sie mit Maria an ihrer Seite vor Martin Luther, dem großen Reformator. Es war, als hätte sie durch ihn und Katharina von Bora zu ihrem eigenen Glauben zurückgefunden. Also hatte sie ihren Dank erhalten, aber was war mit Maria? Martin Luther stand noch immer fragend vor ihnen. Die Worte formten sich in Hanna auf einmal ganz automatisch: »Ich wünsche mir, dass Maria Lesen und Schreiben lernen darf, denn dies ist ihr größter Wunsch und sie ist sicher zu bescheiden, ihn vorzubringen.«

Die Stille im Raum ließ sich nun fast schneiden, so intensiv erlebte Hanna sie. Katharina von Bora hielt kurz den Atem an und auch Martin Luther stutzte einen Augenblick. Maria aber, erstarrte neben ihr vor Schreck. Hanna schaute jedoch Martin Luther ins Gesicht und sah dort ein Lächeln hindurchgleiten.

»Ist dies wirklich dein Wunsch, Maria? Es bedeutet viel Arbeit und Fleiß von deiner Seite.« Beim Klang seiner strengen Stimme zog Maria den Kopf ein. Hanna musste sie von der Seite anstoßen. Maria schien all ihren Mut zusammen zu nehmen und hob ihren Kopf. Mit klarer Stimme antwortete sie schließlich: »Ja, Herr, dies ist mein größter Wunsch.«

Martin Luther sah sie eindringlich an, dann sagte er sanft: »Aus deiner Stimme klingt Wahrheit und Gewissheit. Deshalb werde ich dir deinen Wunsch erfüllen. Sei fleißig, dann wirst du bald Erfolg haben.«

Nun sah Martin Luther zu Hanna: »Eine großherzige Freundin bist du, dass du dir etwas so Schönes für deine Freundin wünschst. Hast du denn keinen Wunsch für dich selbst?«

Hanna überlegte einen kurzen Augenblick. Konnte sie ihm ihre Erkenntnis mitteilen? Zögernd sagte sie: »Ich habe eben ein besonderes Erlebnis gehabt. Schon lange habe ich Gott nicht mehr in meinem Herzen gespürt, doch als ihr mich vorhin nach meinem Wunsch gefragt habt, kam mir die Erkenntnis, dass ich immer auf Gott vertrauen kann und dass mein Glaube an ihn nur verschüttet, nicht aber verloren war. Ihr hättet mir kein besseres Geschenk geben können.« Hanna strahlte über das ganze Gesicht und Martin Luther lächelte sie an.

»Das ist die Liebe Gottes, die dich so sprechen lässt. Was du empfangen hast, ist wahrlich ein großes Geschenk.«

Er legte seine beiden Hände auf die Köpfe der Mädchen und segnete sie. Dann schaute er seine Frau an und sagte: »Wohl an denn, lasset uns mit dem Mahl beginnen.«

»Kommt«, forderte Katharina sie auf und brachte die beiden zu ihrem Platz am anderen Ende des Tisches. Hier saßen schon Magdalene und Hans. Die jüngeren Geschwister waren in den Privaträumen geblieben. Die Gelehrten sollten ungestört von Kindergeschrei essen und reden können. Magdalene bestand darauf, dass Hanna neben ihr saß. Diesen Wunsch gewährte ihr ihre Mutter gerne, dann ging sie fort und setzte sich auf den Platz neben ihrem Mann. Martin Luther sprach ein langes Tischgebet. Hanna sah, wie konzentriert auch Katharina von Bora ihrem Mann zuhörte. Nach dem Gebet wandte Martin Luther sich seiner Frau zu und sagte: »Wo wir heute beim Bedanken sind, möchte ich meiner liebsten Frau, *Herrn Käthe*, heute einmal vor allen Freunden und Mitstreitern hier im Saale danken. Glaubt mir nur, dass ich ohne meine liebe Frau Lutherin nicht soviel Ruhe und Kraft hätte, um mit euch zu diskutieren, zu übersetzen, zu predigen oder gar zu schreiben. Sie stützt mich jeden Tag und auch, wenn die Predigten aus meiner Feder stammen, so hat sie durch ihr Tun doch einen großen Einfluss darauf.«

Hanna sah, wie Katharina von Bora ihren Mann mit leuchtenden Augen ansah und sich offensichtlich über diesen Dank und die damit verbundene Anerkennung freute. All das speicherte Hanna in ihrem Herzen ab.

»Nicht zu vergessen, ihr köstliches Bier, das wir heute Abend genießen dürfen«, fügte Martin Luther noch hinzu. »Prost und eine gute Mahlzeit!« Nach diesen Worten löste sich die Stille langsam auf und alle fingen an zu essen und dabei zu reden. Bald summte es im Saal wie in einem Bienenstock.

KAPITEL 17

EIN LÄCHELN FÜR MARIA

Hanna blickte sich um und tat es schließlich Lenchen gleich, die nach einem Hühnerkeulchen griff und beherzt hineinbiss. Maria saß immer noch wie eine Statue neben ihr. »Hallooo, Miiiia, aufwachen«, sagte Hanna deshalb zu ihr. Maria drehte den Kopf und sah sie mit glänzenden Augen an. »Wieso hast du das gemacht, wieso hast du dir etwas für mich gewünscht? Und dann so einen großen Wunsch. Ich hätte mich das nie getraut.«

Hanna lachte: »Das habe ich mir gedacht und deshalb habe ich für dich gefragt.«

Maria sagte nichts mehr und plötzlich war sich Hanna nicht mehr so sicher, ob es richtig gewesen war, einfach für ihre Freundin diesen Wunsch zu äußern. »War das falsch von mir?«

»Oh nein, Hanna. Ich freue mich so darüber, dass ich es gar nicht fassen kann. Dank dir, werde ich nun Lesen und Schreiben lernen. Der heutige Tag ist so unglaublich anders und ungewöhnlich!« Marias Worte sprudelten förmlich aus ihr heraus. Langsam bekam sie wieder eine normale Gesichtsfarbe und konnte sich auch ihrem Essen widmen. Das Essen war unglaublich lecker und Hanna genoss es sehr. Sie sah, dass auch Hans sich ganz in das Essen vertiefte. Nach einer Weile traute sie sich auch, in die Runde zu schauen. Der dünne Mann bei Martin Luther musste Philipp Melanchthon sein, ein inniger Freund und Mitstreiter des großen Reformators. Er war auch an der Übersetzung des alten Testamentes beteiligt. Später, nach Martin Luthers Tod, war Philipp Melanchthon sogar der neue Anführer der Reformation geworden Die anderen Männer kannte sie nicht. Es saßen auch sehr viele junge Studenten am Tisch und Hanna fiel auf, dass einer von ihnen häufig zu ihnen herübersah. Nein, nicht zu ihnen, sondern nur zu Maria. Er schien nur Augen für sie zu haben. Hatte sie das schon bemerkt? Tatsächlich, Hanna ertappte Maria dabei, wie sie ein schüchternes Lächeln quer über den Tisch sandte. Es wurde herzlich erwidert. Hanna freute sich unbändig für Maria. Auch dieser Wunsch ihrer Freundin wurde also erhört und sie hatte jemanden gefunden, der nur sie allein anlächelte.

Die Gespräche am Tisch drehten sich vor allem um Themen der Theologie und die Auslegung einzelner Bibelpassagen. Hanna verfolgte alles mit großem Interesse, konnte bald schon aber nicht mehr folgen. Plötzlich hatte sie eine Idee:»Magdalene, wie heißt denn der junge Student mit den blonden Locken da drüben?« Die Kleine musste nicht lange überlegen. Maria hatte die Frage auch mitbekommen und beugte sich an Hanna vorbei zu Magdalene. Unglaublich, wie lang sie den Hals strecken konnte.

»Das ist Maximilian zur Aue, er wohnt bald hier, sagt

meine Mutter.« Magdalene widmete sich mit Hingabe ihrem Nachtisch, während Maria sich mit einem versonnenen Lächeln wieder aufsetzte. Ein zartrosa Hauch lag auf ihren Wangen. ›Eindeutig verliebt!‹, dachte Hanna. Konnte das tatsächlich so schnell gehen?

Als das Essen abgetragen wurde, nahm Hanna wahr, wie die Küchenmädchen neidisch zu ihnen herüberschauten. Doch nur flüchtig, denn schon begannen sich lockerere Gespräche zu entwickeln, die Hannas Aufmerksamkeit banden. Ein Student sprach Hanna an und meinte:»Da hast du heute aber wirklich Großartiges geleistet.«

Hanna lächelte leicht verkrampft:»Das war doch selbstverständlich, das hätte doch jeder getan.«

»Ja, sicher, ich hätte es auch gerne getan, aber nicht gekonnt. Ich kann nämlich nicht schwimmen.«

»Oh, da gibt es ja nun jemanden, der helfen kann«, erwiderte Hanna und entspannte sich merklich. Ihr war es lieber, nicht so viel von sich selber zu erzählen. Es war so anstrengend, aufzupassen, dass man nicht die falschen Dinge sagte.

»Das ist eine sehr gute Idee«, überlegte der Student.»Maximilian, machst du auch mit, wenn ich das Schwimmen lerne?«, rief er dem Blondgelockten zu. Maximilian sah Maria an und lächelte:»Wenn diese schöne, junge Dame nicht nur Kinder unterrichtet, bin ich dabei.«

Hanna war sich sicher, dass Maria nun wieder rot werden würde. Aber mit einem Blick zur Seite stellte sie fest, dass Maria nicht nur rot wurde, sondern förmlich glühte. Mit einem Hauchen antwortete sie schüchtern:»Sicher, ich werde es versuchen, auch wenn ich es selbst noch nicht so gut kann.«

»Maria, du bist schon eine hervorragende Schwimmerin, das klappt ganz sicher sehr gut«, sagte Hanna bestimmt. Maximilian bedachte nun ausnahmsweise auch Hanna mit einem Lächeln. Er hatte wirklich ein sehr hübsches Gesicht und sein Lächeln war umwerfend. Außerdem hatte er schöne, dunkelblaue Augen, voller Intelligenz, aber auch Tiefe. Hanna wurde bei diesem Lächeln selbst ein bisschen rot. Es wurde Zeit für sie, in die Schlafkammer zu kommen, bevor Schlimmeres passierte. Zum Glück zog sich Martin Luther bald mit seinen engsten Vertrauten und Studenten in seine Studierkammer zurück. Zuvor verabschiedete er sich sehr herzlich von Maria und Hanna, doch nun sah man ihm an, dass er mit seinen Gedanken wieder bei anderen Themen war. Er hatte viel zu tun.

Bevor Maria auf den Gedanken kommen konnte, den Tisch abzudecken, nahm Katharina von Bora die beiden zur Seite. Maximilian zur Aue und die anderen Studenten bedankten sich für den Abend und verabschiedeten sich. Zuletzt schenkte Maximilian Maria noch sein strahlendstes Lächeln. Hanna war sich ganz sicher, dass es nicht das letzte Mal war, dass sich die beiden sahen. Katharina hatte wohl auch etwas mitbekommen, denn sie sah Maria bedeutungsvoll an und sagte:»Ein besonderer junger Mann, dieser Maximilian zur Aue. Er wird eine Weile bei uns wohnen.«

Maria wurde schon wieder rot, unfassbar. Katharina und Magdalene begleiteten die beiden in ihre Schlafkammer. Vor der Tür blieben sie stehen und Katharina sagte:»So, meine zwei mutigen Mädchen. Nun ist es nach einem besonderen Tag, Zeit zu schlafen. Ich danke euch beiden für euren Mut und eure Beherztheit. Was heute geschehen ist, werde ich nicht vergessen, das werden wir alle nicht vergessen. Eine Träne rollte über ihre Wange. Magdalene umarmte Hanna und dann Maria innig und lehnte ihren Kopf an sie. »Danke, Hanna, danke, Maria«, wisperte sie. Sogar Katharina von Bora nahm die beiden Mädchen in den Arm und drückte sie fest.

»Danke«, war ihr letztes Wort, dann drehte sie sich um und ging den Gang zurück. Magdalene folgte ihr, drehte sich aber immer wieder um und winkte. »Da geht sie hin, unser kleines Goldkind«, seufzte Hanna.

»Du hast sie wirklich gern.« Es war eher eine Feststellung von Maria, denn eine Frage.

»Ja«, war Hannas schlichte Antwort. Maria griff nach ihrer Hand und sagte: »Komm, wir gehen ins Bett, es ist wirklich Zeit zu schlafen für uns. Morgen beginnt der Tag wieder sehr früh.«

Hanna war froh, dass zwei der Küchenmädchen noch in der Küche waren und die anderen schon tief und fest in ihren Betten schliefen. Maria setzte sich noch zu Hanna ans Bett und reichte ihr das Nachtkäppchen. Schweigend saßen sie eine Weile nebeneinander, während Hanna ihre Zöpfe löste. Ihre Haare fielen in weichen Wellen über ihre Schultern.

»Hanna, es war ein ganz besonderer Tag, so wie die Frau Lutherin gesagt hat. Für mich war er aber nicht nur besonders, sondern er war auch der schönste Tag in meinem Leben bisher.«

Hanna schluckte heftig, doch ihre Tränen ließen sich davon nicht beeindrucken. Sie schaute ihre Freundin an und sah, dass ihr auch die Tränen in den Augen standen.

»Wenn ich wieder fortgehe, dann kann ich nichts von dir mitnehmen, ich habe auch von meiner Zeit nichts mit hierhergenommen«, flüsterte Hanna traurig.

»Doch«, erwiderte Maria, »du wirst die Liebe und die Erinnerungen mitnehmen. Die Linde im Klostergarten ist noch jung, diese Bäume werden sehr alt. Sie wird noch da sein, wenn du zurückkommst, in deine Zeit. Besuche den Baum, umarme ihn, dann bist du bei mir und ich bei dir, denn ich werde ihn auch sehr oft umarmen. Das wird uns verbinden. Ich werde immer an dich denken, du bist meine beste Freundin, Hanna. Aber noch bist du ja hier, im Schwarzen Kloster, und ich freue mich schon sehr auf morgen.« Mit diesen Worten gab sie Hanna einen zarten Gutenachtkuss auf die Wange, drehte sich um und ging in ihr Bett.

Hanna flüsterte: »Meine beste Freundin, bis morgen.«

Sie lag noch eine Zeitlang wach in der Kammer der Küchenmädchen, sie lauschte auf das leise Atmen der schlafenden Mädchen, auch Maria schlief bereits, denn sie atmete tief und regelmäßig. Irgendwann fielen auch Hanna die Augen zu.

KAPITEL 18
DURCH DIE ZEIT HINDURCH

Am Morgen kitzelten die ersten Sonnenstrahlen sie im Gesicht. Hanna räkelte sich im Bett und rieb ihre Augen. Sie freute sich auf einen neuen Tag mit ihrer Freundin und war schon gespannt, was heute geschehen würde. Sie setzte sich auf und schaute sich nach Maria um. Erschrocken riss Hanna die Augen auf und rief enttäuscht: »Oh nein, Maria. Jetzt schon?« Mit einem Blick hatte sie festgestellt, dass sie nicht mehr in der Kammer der Küchenmädchen lag. Auch Maria war nicht mehr da. Hanna lag in ihrem Bett, in ihrem Zimmer. Sie sah die Poster an der Wand und das Chaos auf dem Schreibtisch. Alles war wie immer und doch hatte sich so viel verändert. Soll das wirklich nur ein Traum gewesen sein? Schnell schaute sie an sich hinunter, sie trug wieder ihren normalen Schlafanzug und kein Käppchen auf dem Kopf. Aber ihr Erlebnis war für einen Traum viel zu intensiv gewesen. Enttäuscht und wütend schlug sie mit den Armen auf die Bettdecke. Plötzlich zuckte sie zusammen und erschrak. Hastig schob sie den Ärmel ihres Schlafanzuges hoch. Tatsächlich, da war die Schürfung von ihrem Sturz aus dem Apfelbaum. Wie in Trance griff sie mit der anderen Hand nach dem kleinen Kosmetikspiegel, der immer auf ihrem Nachtschrank lag und blickte hinein. Ihre blonden Haare fielen wellig über ihre Schulter. Sie hatte all das wirklich erlebt! Unglaublich! Obwohl sie sich über diese Bestätigung sehr freute, war ihr trotzdem zum Weinen zumute. Maria war ihre beste Freundin und nun konnte sie nicht mal mehr mit ihr reden.

»Ich werde dich vermissen, Maria«, sagte sie traurig. Doch plötzlich fielen ihr Marias Worte wieder ein – *umarme den Baum* – aber nach Wittenberg war es weit, da würde sie nicht so schnell hinkommen. Hanna seufzte. Wann sie wohl nach Wittenberg kommen würde? Heute war Samstag und sie hatte zum Glück keine Schule. Hanna war sich sicher, dass sie keinen Ton in der Schule herausbringen würde, zu intensiv wirkte das Erlebnis noch in ihr nach. Ein Blick auf ihr Handy, das wieder schön brav auf dem Nachttisch lag, verriet ihr, dass es noch sehr früh am Morgen war. Nicht einmal ihre Mutter klapperte in der Küche. Eigentlich die besten Vorraussetzungen, um in Ruhe an ihrem Aufsatz zu arbeiten. Behände stand sie auf, zog sich einen Pullover über und setzte sich an ihren Schreibtisch. Immer noch lagen viele Blätter kreuz und quer herum, gefüllt mit Zahlen und Fakten. Sie knüllte alle Blätter zusammen und warf sie in den Papierkorb. Ein gutes Gefühl. Sie schnappte sich ihren Füller, einen Stoß neuer Blätter und legte los. Die Buchstaben schienen förmlich aus ihr herauszufließen. Als ihre Mutter einige Zeit später nach ihr schaute, schrieb Hanna immer noch. Nur für das Frühstück machte sie eine Pause.

Sie verwirrte ihre Mutter förmlich, als sie nach dem Essen automatisch ihr Geschirr abräumte.

»Was ist denn mit dir los, geht es dir nicht gut?«, war die entgeisterte Frage. »Doch, alles gut bei mir, Mama.«

Ihre Eltern wechselten einen irritierten Blick. An diesem Morgen schrieb Hanna den längsten Aufsatz ihres Lebens. Nachmittags rief ihre Freundin Mia an und fragte: »Und? Hast du heute Zeit, oder musst du immer noch schreiben?«

»Nein, ich bin fertig! Wollen wir vielleicht schwimmen gehen?«

Einen Moment lang war es still in der Leitung, dann fragte Mia vorsichtig: »Hanna, geht es dir nicht gut?«

Was hatten denn nur alle?

»Doch, wieso, mir geht es sehr gut, warum denn?«

»Na ja, es ist schon ewig her, dass wir beide zusammen im Schwimmbad waren.«

»Umso besser, wenn wir das heute nachholen«, war Hannas bestimmte Antwort.

Hanna hatte einen schönen Nachmittag im Schwimmbad, die Sonne schien und alles war perfekt. Trotzdem überkam sie immer wieder mal die Traurigkeit. ›Ach, Maria, ich vermisse dich‹, dachte sie nicht nur einmal.

Es war schon erstaunlich, sie hatte nur einen einzigen Tag mir ihrer neuen Freundin im Schwarzen Kloster verbracht und doch sehnte sie sich nach ihr. Am kommenden Montag gab Hanna ihre Hausarbeit im Unterricht ab und erstaunlicherweise interessierte sie die Note überhaupt nicht, die sie dafür bekommen würde. Die Woche zog sich zäh in die Länge und Hanna war in der Schule nicht richtig bei der

Sache. Ihr Erlebnis in Wittenberg ließ sie einfach nicht los. Sie wollte so gerne wieder dorthin und schauen, wie jetzt alles dort aussah. Vor allem aber, wollte sie zu ihrem Freundschaftsbaum.

In der nächsten Geschichtsstunde wurden die Aufsätze wieder zurückgegeben. Die Lehrerin kam auf Hanna zu und nahm sie beiseite, sodass keiner hören konnte, was sie zu ihr sagte:»Hanna, du hast mit Abstand den besten Aufsatz geschrieben. Du hast den Text so lebendig und persönlich gestaltet, als hättest du ein besonderes Erlebnis gehabt. Als wärst du dort gewesen, bei Katharina von Bora im Schwarzen Kloster.«

»Das war ich auch«, sagte Hanna ebenso leise,»ich habe so viel an mir wiederentdeckt.«

Die Lehrerin sah Hanna freundlich an und reichte ihr das Aufsatzheft.»Manchmal sind es kleine Wunder, manchmal große, die man erlebt.«

Hanna freute sich riesig. Irgendwie schade, dass sie es keinem erzählen konnte. Zum Schluss der Stunde geschah noch etwas Unglaubliches:»Bevor ihr jetzt alle in die Pause geht, möchte ich euch noch sagen, dass wir anlässlich des Lutherjahres für eine ganze Woche nach Wittenberg fahren werden.«

Es war, als wäre eine Bombe explodiert. Alle Kinder jubelten lautstark, denn eine Klassenfahrt war eine willkommene Abwechslung zum Schulalltag. Nur Hanna saß wie betäubt auf ihrem Platz. Sie würde nach Wittenberg kommen. Einfach so. Was für ein Zufall! Oder sollte sie sagen Wunder? Die Freude breitete sich langsam in ihr aus und dann hielt auch sie nichts mehr auf ihrem Stuhl. Sie hüpfte auf und ab vor Freude. Bald würde sie ihren Freundschaftsbaum wiedersehen. Ob er wohl noch stand oder war er mittlerweile zu alt geworden und musste weichen? Hanna konnte es nicht abwarten und war die Zeit bis zur Klassenfahrt ganz kribbelig vor Aufregung.

Die Fahrt mit dem Bus dauerte länger als gedacht, und erst gegen Nachmittag kamen die Schüler in Wittenberg an. Sie wurden in der Jugendherberge einquartiert und schon nach dem Auspacken sollte es eine Führung im Schwarzen Kloster und im Augusteum geben. Hanna konnte es kaum erwarten und warf ihre Sachen achtlos in den Schrank. Sie wollte am liebsten sofort losrennen. Doch sie musste sich noch eine Weile gedulden. Erst am späten Nachmittag brachen sie mit ihren Lehrern zu Fuß auf. Bald schon konnte Hanna die Türme der Marienkirche sehen. Ihre Turmspitzen waren nicht mehr mit den Pyramiden bekrönt, das fiel ihr sofort auf.

Am Lutherhaus angekommen, machte Hanna große Augen. Alles war anders, auch der große Bau des Augusteums aus dem Jahr 1580 hatte vieles verändert. Doch als Hanna in den alten Klostergarten hinter dem Lutherhaus trat, sah sie sofort die Linde. Ihre Freundschaftslinde. Ein alter Baum war es nun, gezeichnet von Wind und Wetter. Doch trotzig stand sie noch immer dort, leicht gebeugt, aber lebendig. Hanna stürzte auf den Baum zu und umarmte ihn. Die Sonne schien und die Schwalben schwatzten unter den Dächern. Hanna schloss die Augen. Bilder stiegen in ihr auf: Katharina von Bora, Lenchen, Martin Luther, der brave

Tölpel und auch der dicke Ferdinand. Und Maria, wie sie lächelnd die Linde umarmte. In Hannas Bauch kribbelte es vor Freude. Es war soviel geschehen und Hanna war einfach nur dankbar für die schöne Zeit in dem Leben der Katharina von Bora.

ANHANG

ANHANG 1

BIOGRAFIE VON KATHARINA VON BORA

1483   Geburt von Martin Luther in Eisleben

1499   Katharina von Bora wird am 29. Januar in Lippendorf geboren, ihre Mutter stirbt bei der Geburt

1505   Katharina wird von ihrem Vater in die Klosterschule im Kloster Brehna gebracht

1509   Aufnahme im Zisterzienserkloster Marienthron bei Nimbschen

1515   Weihung zur Nonne

1523   Flucht zusammen mit acht weiteren Nonnen aus dem Kloster Marienthron

1525   Heirat mit Martin Luther in Wittenberg

1526	Geburt des Sohnes Johannes Luther
1527	In Wittenberg bricht die Pest aus
1527	Geburt der Tochter Elisabeth Luther
1528	Elisabeth stirbt
1529	Tochter Magdalene Luther wird geboren
1531	Martin Luther Junior wird geboren
1533	Paul Luther wird geboren
1534	Margarete Luther wird geboren
1539	In Wittenberg bricht erneut die Pest aus
1540	Katharina erleidet eine schwere Fehlgeburt
1542	Magdalene Luther stirbt im Alter von dreizehn Jahren
1546	Martin Luther stirbt, Katharina muss um die Vormundschaft für ihre Kinder und um ihr Erbe kämpfen
1546/47	Ein Religionskrieg bricht aus, Flucht mit den Kindern nach Dessau und Magdeburg

1552   Wieder bricht in Wittenberg die Pest aus, Flucht mit den Kindern nach Torgau. Bei einem Unfall mit der Kutsche wird Katharina schwer verletzt, sie wird in Torgau von ihrer Tochter Margarete gepflegt, bis sie schließlich stirbt.

ANHANG 2

REZEPT FÜR EIN ROGGENMISCHBROT

Zutaten:
450 g Roggenvollkornmehl
450 g Dinkelvollkornmehl
400 ml lauwarmes Wasser
1 Päckchen Sauerteig oder 3 EL frischen Sauerteig
1 EL Meersalz
1 TL Kümmel 1 TL Koriander

Herstellung:
Vorteig ansetzen:

300 g Roggenvollkornmehl
300 g Dinkelvollkornmehl
400 ml lauwarmes Wasser
1 Päckchen Sauerteig oder 3 EL frischen Sauerteig

Das Mehl und den Sauerteig mischen und mit lauwarmem Wasser zu einem zähen Brei verrühren, bei Verwendung von frischem Sauerteig, diesen zu dem Brei hinzukneten

Teig vom Schüsselrand schaben, damit er nicht antrocknet. Dann abdecken und an einem warmen, zugfreien Platz abstellen.

8 – 10 Stunden, am besten über Nacht, ruhen lassen, bis der Teig ansteigt und viele kleine Bläschen gebildet hat, ideal ist eine Raumtemperatur von 28 °C. Diese Temperatur kann man gut erreichen, wenn man die Schüssel in den Ofen stellt und die Glühbirne anschaltet

Nach dieser Zeit hat der Vorteig sein Volumen verdoppelt.

1 EL Meersalz, 1 TL Kümmel und 1 TL Koriander hinzugeben.

Brot formen

Ca. 250 g Mehl unter den Vorteig rühren (nach Bedarf Mehl auf die Küchenplatte streuen).

Den noch recht klebrigen Vorteig solange kneten, bis er griffig ist und die Form hält, bei Bedarf noch Mehl dazukneten.

Eine Brotform mit Mehl bestreuen und den Teig hineingeben, Teig abdecken und wieder an einem warmen und zugfreien Ort gehen lassen, diesmal nur 2-3 Stunden, je nach Raumtemperatur.

Brotteig aus der Form nehmen und auf das eingefettete und bemehlte Backblech legen, alternativ kann auch Backpapier verwendet werden.

Der Teig sollte so beschaffen sein, dass er seine Form von alleine hält.

Oberfläche ca. 1 cm mit einem Messer einschneiden und im vorgeheizten Backofen ca. 55 Minuten backen.

Anfangstemperatur 220 °C, nach 10 Minuten auf 200 °C reduzieren, 45 Minuten weiter backen.

Damit die Brotkruste nicht zu hart wird, heißes Wasser in einer feuerfesten Schale in den Backofen dazustellen.

Lecker!

Sauerteigansatz selber herstellen:

50 g fein gemahlenes Roggenvollkornmehl und ca. 50 ml lauwarmes Wasser zu einem dicklichen Brei verrühren. Den Roggenbrei in einer kleinen Schale an einem warmen Ort abstellen und abdecken. Täglich einmal umrühren, ansonsten ruhen lassen. Schon bald zeigen sich erste Bläschen und nach fünf Tagen ist der Sauerteigansatz gut durchsäuert und kann für den Vorteig (siehe oben) verwendet werden. Den Sauerteig anschließend in einem geschlossenem Gefäß im Kühlschrank aufbewahren. Täglich einmal umrühren hilft, ihn länger nutzen zu können.

neukirchener
verlag

Leben aus dem Einen!

Martin Luther für junge Leser

Deutschland, 1521. Der 11-jährige Simon verliert seine Mutter an die Pest und ist nun mit seinen Sorgen und Ängsten auf sich gestellt. Mit seinem Cousin Geerten begibt er sich auf die Suche nach Antworten. Auf ihrer Reise hören sie von dem geheimnisvollen Mönch Martin Luther. Wird er Simons Ängste nehmen können? Ein historisches Kinderbuch, das Kinder auf spannende Weise mit den Ideen der Reformation vertraut macht. Für junge Leser ab 10.

Judith Janssen
Simon und der geheimnisvolle Mönch
gebunden, 89 Seiten, mit s/w-Illustrationen, ISBN 978-3-7615-6300-7
www.neukirchener-verlage.de